여행 이야기

차례
Contents

프롤로그 — 여행에의 초대

너는 아느냐, 미지의 나라에 대한 향수와 조바심 나는 호기심, 우리들을 비참한 일상으로부터 해방시켜줄 이 알 수 없는 열병을? 너를 닮은 그 나라에서는 모든 것이 아름답고 풍요하며, 고요하고 기품이 있어 공상만 하여도 하나의 이상의 나라가 생겨나고 삶은 호흡하기에도 부드럽고 행복은 침묵과 결합한다. 우리가 살아야 할 곳이 그곳이며 우리가 죽음을 기다려야 할 곳도 그곳이다.

보들레르, 「여행에의 초대」, 『소 산문시』

보들레르가 말한 바대로, 때로는 이 알 수 없는 이상한 느낌이 파도가 잠잠해진 물결 위로 눈부신 햇살이 내려앉듯이 우리들의 마음속 깊은 곳에 찾아드는 것을 느끼지 못한 자가 누가 있겠는가! 우리가 살고 있는 이곳은 더 이상 우리를 위해 만들어진 곳이 아니다. 우리들의 영혼이 찾는 나라에 대한 환상이 우리를 매혹하고 괴롭힌다. 때로는 쓰디쓴 벌꿀의 맛을 가진 단어가 우리들의 입술을 막아버린다.

떠나라! 떠나라! 도망쳐버려라!

우리가 꿈꾸는 이 장소라는 것들은 우리들의 비밀스런 영혼이 구체적으로 만지고 느낄 수 있는 것으로 상징화된 것으로서, 일체의 속박으로부터의 해방과 우리들도 모르게 우리들 영혼의 깊은 곳에 감추어진 꿈의 완벽한 실현이라는 이중의 매혹을 지니고 있다. 어떤 신비스러운 영혼의 소유자들은 이 향수의 나라가 전생의 낙원에 대한 기억의 산물이라고도 하지만, 이 지상에서 함몰된 존재를 영위하는 과정에서 우리가 집착하게 될 하나의 황홀한 나라에 대한 강박 관념이 아니라면, 대개의 경우 이 향수의 나라는 우리들의 일상이 경험하는 비참한 현실로부터 어떤 식으로든 돌파구를 열어보고자 하는 무구한 상상력이 방문하는 곳일 것이다. 이것이 바로 보들레르가 「여행에의 초대」에서 속삭인 꿈처럼 몇몇 선택받은 천재들의 상상 속에서 존재하는 질서와 화려함과 관능의 나라인 셈이다.

그렇지만 우리는 모두 보들레르와 같은 운을 타고나지는 못했다. 꿈의 나라와 현실의 지상을 실제로 혹은 상상 속에서 합치시킬 수 있는 지고의 광영을 누리는 지위에까지 오르게 되는 사람이 과연 몇이나 되겠는가! 그러기에 그토록 많은 사람들이 무리를 지어 떠나는 것인가! 기차역, 공항, 산, 바다, 해변, 도로는 여행을 떠나고 돌아오는 인파로 넘쳐난다.

불현듯 여행이란 도대체 무엇인가라고 생각하게 되는 것은 계절 탓인가. 알 수 없는 일이다. 여기에 읊조리는 것은 여행에 대한 철학적 내지는 심미적 고찰을 위한 것이 아니다. 그것은 떠나는 자의 마음을 더욱 심란하게 할 것이다. 군이 구별해야 한다면 여행에 대한 즉흥 이야기라고 말하고 싶다. 다행스럽게도 심적 여유가 있다면 먼저 여행의 역사를 더듬어봄으로써 여행이 어떻게 인류의 역사의 형성과 같이해왔는지를 생각해볼 것이고, 그 다음에 여행의 사회학적·심리학적 의미를 추적함으로써 여행에 어떤 의미를 부여해야 하는지에 대해 말하고자 한다.

고대의 선구자들

유랑과 탐험

현재의 지식수준에 근거한다면 인류의 최초 서식지는 아프리카 동부지역이었으며, 이곳으로부터 인류는 거주가 가능한 지구상의 전 지역으로 퍼져나갔다고 한다. 이렇게 본다면 상당히 오랜 세월 동안 이 지구상에는 오직 유랑 종족만이 거주하고 있었던 셈이다. 유랑이란 자연이 인류에게 부여한 식량을 찾아서 이동하는 생활 양태를 말함이다. 애초에는 야생 상태의 과수가 최초의 식량자원이었을 것이다. 그러나 식물계와 관련된 기후나 생물학적 변화가 발생하였고, 이에 따라서 인류는 새로운 식량원을 찾아서 유랑을 떠나야만 했을 것이다.

수렵과 채집이 곧 이 원시 식량자원을 보완하게 되었겠지만 이는 영원한 이동이라는 같은 조건하에서 이루어졌을 것이다.

생명의 유지와 종족의 보전이라는 차원에서는 이러한 이동은 필연적인 것이었으며, 이 이동의 필요성은 곧 한 종족의 정체성과 자부심과도 연결되었다. 따라서 이동은 애초에는 어쩔 수 없이 강요된 것이었겠지만 차츰 자유의 증거로서 인간의 존엄성과도 같은 가치를 획득하였을 것이다. 왜냐하면 토지의 한계를 벗어나고자 하는 것은 자기 종족의 생명을 토지의 식량 공급 능력이라는 한계에 종속되는 것을 거부한다는 것과 같기 때문이다. 즉, 이동의 자유와 스스로의 생명을 개척한다는 존엄성의 결합은 곧 그 개체가 인간의 범주에 소속된다는 것과 같은 의미였던 셈이다. 즉, 유랑이 인류의 원초적인 문화 형태였던 것이다. 따라서 이동으로서의 관광의 근원은 바로 이 문화 형태로부터 유래한다고 보는 것이 합리적인 추론일 것이다.

그러나 이 원초적 형태의 유랑은 시간이 지나감에 따라서 유목 시대 이래의 새로운 목초지로의 이동, 나아가서는 물물의 교환, 이민족간의 침입 등 인간의 이동현상으로 발전해갔을 것이다. 역사가 전해주는 한계 속에서 고찰해보면 고대의 해양민족인 미노아인, 페니키아인, 그리스인은 통상 식민활동을 통하여 지중해에 관한 지식을 점차로 축적했는데 이런 것이 탐험의 시초라 할 수 있다. 고대 이집트의 선원들은 새로운 상업지를 찾아 홍해를 가로질러 갔으며, 특히 페니키아인은 북아프리카, 시칠리아, 스페인 남부에 걸친 지중해 연안을 탐사하여 BC 1200년경에는 오늘날의 스페인의 안달루시아 지방의 카딕스(Cadix) 근처에 무역기지를 설치하고, 멀리는 대서양에 진출하여 브리타니아(영국)와도 교역하였다고 한다. 또한 BC 1600년경에는 이집트의 파라오를 위해서 아프리카 북부 연안을 항해했다고도 한다. 카르타고의 집정관 하논은 BC 465년경에 왕의 명을 받들어 30,000명의 병사와 60척의 배를 거느리고 지브롤터를 지나 기니 만까지 항해하였으며, 동물·식물 상을 기재한 그의 여행기는 탐험의 형태를 취한 초기의 것으로 주목된다. 그는 오늘날의 모로코 근처에 식민지를 건설한 후에도 남쪽으로 항해를 계속하여 마디라 섬 근처에 이르렀다고 한다. 귀환하는 과정에서 폭풍우를 만나, 본대에서 떨어져나간 몇몇은 아메리카까지 흘러갔다고도 하나 확인할 수 없는 일이다. 마르세유 출신인 그리스인 피테아스는 북해를 올라가 페니키아인의 활동 범위를 넘어 BC 4세기에 콘월에서 툴레(고대의 북극으로 간주됨, 현재의 쉐틀랜드 제도의 하나로 생각되는 곳)에 도달하였으나, 그도 바다 그 자체에 관한 기술을 남긴 점으로 이것도 하나의 탐험으로 생각할 수 있다.

실크로드

비슷한 시기에 근동에서는 마케도니아의 알렉산더 왕이 지금의 중동의 오만 만을 지나 인더스 강 유역과 중앙아시아 사막에 이르는 대장정으로 대변되는 동방 원정을 완수하였다. 비단길이 통과하는 전 지역을 거의 손에 넣은 셈이다. 이 원정의 의의는 주로 육로(陸路)로 행하여졌다는 것과 이로써 지중해 중심의 세계가 소아시아에서 인도까지 넓혀지고 서양 문화를 동방으로 전파하는 등 문명사적으로도 큰 영향을 끼쳤다는 점을 들 수 있을 것이다. 이후로 로마 제국이 안정된 시기에 로마의 항해자는 홍해(紅海)로부터 인도·말레이 지방에서 남중국해(南中國海) 방면에까지 도달했다고 한다.

또, 중국의 한대(漢代)에 장건(張騫)이 BC 139년에 무제(武帝)의 명을 받고, 흉노(匈奴)를 협격하기 위해 대월지(大月氏)에게 사절로 가 아무다리야 상류까지 도달한 것도 빠뜨릴 수 없다. 무제의 명을 받고 흉노를 협공하기 위해 일리 강(江) 유역에 있던 대월지와 동맹하고자 BC 139년경 장안을 출발하였다. 도중에 흉노에게 붙잡혔으나 탈출하여 대완(大宛), 강거(康居)를 거쳐 이미 아무다리야 북안으로 옮긴 대월지에 도착하였다(BC 129년경). 그러나 대월지는 흉노를 칠 의사가 없어 동맹에는 실패하였다. 사실 이 대월지국은 이미 흉노에게 밀려 세력을 잃어 가는 중이었으므로 흉노를 치고 싶어도 칠 수가 없는 형편이었다. 귀국하던 중 다시 흉노의 포로가 되었다가 BC 126년 귀국하였다. BC 121년 오손(烏孫)으로 파견되었는데, 그곳에서 그가 파견한 부사(副使)들이 서역 제국의 사절과 대상(隊商)들을 데리고 돌아왔다. 그의 여행으로 서역의 지리·민족·산물 등에 관한 지식이 중국으로 유입되어 동서간의 교역과 문화가 발전하게 되었다. 장건이 도달한 대월지는 전국시대 말기에는 서몽골로부터 간쑤[甘肅] 서부, 황하(黃河) 상류, 동(東)투르키스탄, 중가리아, 서(西)투르키스탄의 일부에까지 미치는 대세력이었다. BC 3세기 말 흉노가 갑자기 일어나자 그 압박에 쫓겨 서쪽으로 이동하여 아무다르야 강 북안에 중심을 두고 그 남쪽의 대하(大夏:드하라의 음역으로, 아프가니스탄의 北半 드하레스탄을 가리키며, 당시 그리스인 식민왕국 박트리아의 중심지)를 지배하였으니 경도상으로 인도 북부밖에 되지 않는다. 지금의 우즈베키스탄의 위치에 해당하겠지만 당시에 한족으로는 거기까지 간 사람이 아무도 없었다. 장건이 시도한 동맹은 실패했지만 그가 여행한 지역은 결국 무역로로 개통되었다. 박트리아까지 열린 이 무역로가 차차 페르시아의 영, 즉 오늘날의 이란 지역을 넘어 흑해 동쪽 끝, 당시 아르메니아 왕국의 도시인 트라브존까지 확장되어 이른바 통상적으로 일컫는 실크로드가 완성되었다.

지리학의 발달

고대의 지리학은 이러한 선구자들의 업적과도 무관하지 않는 바 키케로가 후일 '역사의 아버지'라고 부른 헤로도토스(BC 484?~425?)는 저서 『역사』(9권)를 남겼다. 물론 이『역사』는 동서분쟁이라는 관점에서 중요한 페르시아전쟁의 역사를 쓴 것이지만 이전의 여행의 선구자들이 남긴 지리상의 발견이나 개척의 흔적을 많이 담고 있다. 헤로도토스라는 인물은 그 일생에 대해 자세한 것은 전하지 않지만 소아시아의 할리카르나소스에서 출생하였으며, 가까운 친척인 서사시인 파니아시스가 참주(僭主) 리그다미스 2세에게 피살되자 그의 일족은 사모스 섬으로 망명하였다고 한다. 나중에 귀국하였지만 할리카르나소스에 가지 않고 BC 445년경에는 아테네로 가서 살았다. 당시의 아테네는 전성기였는데, 거기서 페리클레스·소포클레스 등과 친교를 맺었다. 시를 낭독하여 크게 인기를 얻어 아테네시(市)로부터 돈 10타렌트를 받았다. 그 뒤 아테네시가 BC 444년(또는 BC 443년)에 건설한 남이탈리아의 식민지 무리오이로 가서 그곳 시민이 되었으며, 거기에서 여생을 마친 것 같다. 대여행을 하였다는 것은 알 수 있지만, 그것이 언제 있었던 일인지는 알 수 없다. 그의 여행 범위는 북으로 스키타이, 동으로는 유프라테스를 내려가서 바빌론까지, 남으로는 이집트의 엘레판티네, 서로는 이탈리아, 그리고 아프리카의 키레네까지였다. 그 또한 역사가이기 이전에 대여행가의 범주에 끼인다 하여도 하등 손색이 없을 경력의 소유자인 셈이다. 다만 그의 저술이 주로 해안 지방의 기술에 할애되었고 내륙 지방은 상대적으로 소홀히 하고 있다는 점을 들 수 있을 것이다.

소아시아 아마시아(폰투스)의 명문 출신으로서 선조에는 아시아계의 피가 섞여 있다고도 하는 스트라본(BC 64?~AD 23?)은 로마·이집트·그리스·소아시아·이탈리아 등의 지역을 여행하고 만년은 고향에서 보냈다. 그의 저서 『역사적 약술 *Historika Hypomnmata*』(47권)은 현존하지 않지만, BC 20년 이후 로마에 장기간 체재하면서 저술한 『지리지 *Gegraphi*』(17권)는 대부분 남아 있다. 이것은 단순한 지리서가 아니라 유럽·아시아·아프리카의 전설 및 정치적인 사건, 중심도시, 주요인물 등에 관한 역사적 서술도 있어서 중요한 사료(史料)로 평가받고 있다. 또 그는 지구가 구형(球形)이며 우주의 중심에 고정되어 있다고 생각하였다.

프톨레마이오스(영어 명은 톨레미(Ptolemy). AD 85?~165?)는 127~145년경 이집트의 알렉산드리아에서 천체를 관측하면서, 대기에 의한 빛의 굴절작용을 발견하고, 달의 운동이 비 등속 운동임을 발견하였다. 천문학 지식을 모은 저서 『천문학 집대성 *Megal Syntaxis ts Astoronomias*』은 아랍어역본(譯本)인 『알마게스트 *Almagest*』로서 더 유명한데, 코페르니쿠스 이전 시대의 최고의 천문학서로 인정되고 있다. 지리학에 대한 그의 업적은 이른바 '톨레미의 세계지도'라고 부르는 것에서 극명하게 드러나는 바 이 지도는 AD 150년경 그가 저술한 8권의 『지리학 *Geographia*』 안에 수록되어 있다. 그 당시 유럽인에게 알려진 세계의 범위와 지명 등을 알 수 있기 때문에 지리학 발달사를 아는 데 중요한 자료이다.

중세와 르네상스

십자군전쟁

5세기에 이르러 로마 제국이 붕괴되면서 치안 문란, 도로황폐, 화폐경제에서 실물경제로의 역행 등 악조건이 겹쳐 중세 십자군전쟁 때까지 여행의 공백 시대가 계속되었다.

400~1200년의 중세는 이른바 암흑 시대로 다른 실증과학의 정체와 함께 여행의 역사적인 측면에서도 별다른 성과가 없었다. 이슬람교도의 메카 순례에 수반하는 동방의 지리적 식견의 집적과, 북방에서 바이킹의 활동이 약간 있었다. 즉, 982년 노르만인 에리크는 살인을 하고 추방된 아버지를 따라 고향 노르웨이에서 아이슬란드로 이주하여 살다가 그 역시 살

인을 하고 추방되자 그린란드를 발견하고 탐사(986년경)한 뒤, 이민단을 조직하여 식민에 노력하였고, 그곳에서 죽었다. 999년에는 그의 아들 레이프가 라브라도르 지방에 도달하였으나 식민지와 본토와의 연락이 유지되지 않아 포기하였다. 오히려 1096년에 시작된 십자군 원정은 탐험의 한 형태라고 할 수 있으며, 후세에 끼친 영향도 매우 컸다.

반면 유럽인들이 침체기를 보낸 이 시기에 아랍인들은 비교적 활발한 활동력을 보였다고 할 수 있다. 동부 아프리카와 홍해에 이르는 대제국을 건설한 후에도 유럽에까지 진출한 이들도 역시 이동성이 강한 민족이었던 것만큼은 분명하다. 아직도 여전히 이국적인 매혹으로 여행객들을 맞아주고 있는 스페인 톨레도의 무어풍의 성관들, 그라나다의 멋진 알함브라궁전, 코르도바의 사라센 문화의 흔적들은 바로 이 역사의 향기를 담고 있기 때문이 아니겠는가.

십자군전쟁 이후 동서 문물교류에 따른 이국문화에 대한 호기심의 증대와 예루살렘을 비롯한 성지순례에 대한 열망의 산물로 중세의 여행은 부활하기 시작하였다. 여행의 형태는 대부분이 수도원에서 숙박하고 승원기사단의 보호를 받으면서 가족 단위의 종교여행이 성행하기도 하였지만 1201년에서 1500년에 이르는 중세 말기에는 여행의 양상도 규모, 목적, 방법 등에서 크게 변화되었다. 1252년 프란체스코파 수도사인 기욤므 뤼스부로에크는 당시에 아직 위력을 발휘하고 있었던 회교도의 세력을 견제할 목적으로 몽고와 우호적인 관계를 바라는 프랑스의 성 루이 왕의 사자로 크리미아 반도를 거쳐 수닥(Soudak, 크리미아 근처) 항과 흑해의 페레코프 지협을 지나 남부 러시아의 스텝지역에 이르렀다. 그는 여기서 완전히 조립이 된 상태로 천막을 싣고 계절을 따라 이동하는 유목민을 만났다고 한다. 마침내 볼가 강 유역까지 이르렀고 그는 거기서 몽골인들과 조우하게 되어 카라코룸에 있는 칸에게 인도되어 왕에게 부여받은 임무를 성공적으로 완수하였다.

마르코 폴로와 『동방견문록』

확실히 십자군전쟁은 유럽인들에게 세계를 열어주었으며 그들이 잠재적으로 지니고 있었던, 여행과 모험의 취향을 자극한 셈이었다. 이 취향이 새로운 세계와 지식을 바라는 욕구와 결합되어서, 아니면 오히려 그 욕구를 위한 구실과 방편으로서 여행을 부추겼는지는 지금으로서는 알 수가 없다. 그러나 그것이 무엇이든지 간에 이 취향과 미지의 것과 새로움을 향한 욕구의 결합이 우선은 이탈리아인들에게서 일어난 것 같다. 이미 이탈리아인들은 비록 다른 유럽인들과 함께 십자군 운동에도 참여했지만 생각까지도 그들과 똑같은 것은 아니었다. 그들은 이미 선단을 소유하고 있었고 동방에 대한 남다른 상업적 이해관계를 갖고 있었기 때문이었다. 실제로 지중해 연안에 살고 있는 민족들은 내륙 지방에 거주하고 있는 민족들과는 다른 본능을 지녔다. 그래서 북부인들이 아직 의식하지 못할 때에도 그들은 이미 대모험가로서의 기질을 십분 발휘하였던 것이다. 그들이 동방으로 통하는 지중해의 거의 모든 항구를 장악함으로써 회교도와 접하게 되었다. 이로써 어떤 의미에서는 이미 다른 민족들에 의해서 발견된 거대한 새로운 세계를 만나게 되었으며 이것이 그들이 본래 지니고 있었던 여행에의 취향을 다시 자극하였던 것이다.

1271년 베네치아의 부유한 상인 가문 출신인 마르코 폴로는 겨우 15세의 어린 소년으로서 중앙아시아를 횡단하는 대여행을 시작한다. 1260년부터 보석 상인인 아버지 니콜로 폴로와 숙부인 마테오 폴로는 상인들을 이끌고 콘스탄티노플과 러시아 남부의 스텝 지역들을 지나서 투르키스탄의 부카라와 카잔 근처에 있는 몽고인들의 여름 캠프를 방문했고, 오늘날의 북경 근처의 캄밸리크에 위치한 칸의 궁전에까지 초대받았다. 교황과 군주로부터 임무를 부여받고 3년의 시간을 투자해서 1269년 다시 베네치아로 돌아온 후에 1271년에는 아직 어린 폴로를 데리고 동방여행을 떠났다. 소(小)아시아의 시바스에서 모술을 거쳐 이라크로 들어가, 해로(海路)를 이용하여 중국(원나라)으로 갈 예정으로 바그다드에서 바스라로 갔다. 그러나 해로를 이용할 것을 단념하고 육로를 택하기로 하였다. 그리하여 키르만 타브리즈, 발흐, 파미르고원을 경유하여 타림분지(盆地)에 이르렀고 카슈가르·야르칸드·호탄·체르첸 등의 타클라마칸 사막의 남쪽 변두리의 오아시스 여러 도시를 지나하서(河西) 지방에 도달하여 간저우[甘州]에서 1년간 체재했다.

그 다음, 쿠빌라이[世祖]의 여름 궁전이 있는 상도(上都: 현 네이멍구자치구의 남부인 돌룬노르)에 도착하여(1274) 쿠빌라이를 알현하였다. 아무튼 중앙아시아를 거쳐 3년 6개월 만에 칸의 궁전에 다다른 셈이다.

마르코 폴로는 그대로 중국에 머물러 원나라에서 우대를 받아 관직에 올랐다. 그 사이 티베트와 인도까지를 포함하여 중국 각지를 여행하였으며, 17년간 원나라에서 살았다. 마르코 폴로 일행은 이란의 몽골 왕조인 일한국(汗國)의 아르군 칸에게 강가(降嫁: 지체 높은 집안의 딸이 지체가 낮은 집안으로 시집가는 것)하는 원나라의 공주 코카친의 여행 안내자로 선발되어 겨우 원나라를 떠날 수 있게 되었다. 이 일행은 푸젠성[福建省]의 취안저우[泉州]를 출범(出帆)하여 자바·말레이·스리랑카·말라바르 등을 경유하여 이란의 호르무즈에 도착하였지만, 아르군 칸은 이미 죽었기 때문에 공주를 그의 아우인 가이하투 칸에게 맡겨놓고, 1295년에야 겨우 베네치아로 돌아왔다.

마르코는 그 후에 베네치아와 제노바전쟁에 말려들어 포로로 잡혀 제노바 감옥에 투옥되었다. 이 옥중에서 이야기 작가인 루스티켈로에게 동방에서 보고들은 것을 프랑스어로 필록(筆錄)시켰다. 이것이 바로 현존하는 마르코 폴로의 여행기『세계의 경이(驚異)』(통칭 東方見聞錄)의 원조 본이 되었다. 이 책은 13~14세기의 이란·중앙아시아·몽골의 역사와 지지(地誌) 및 민속 등에 관한 귀중한 문헌이며, 프랑스어 원본은 산일(散佚)되고, 가장 잘 알려진 이탈리아어 사본은 1309년 이전에

필사된 것으로 알려져 있다.

이상에서 간략히 언급한 이 시기의 대여행자들은 비교적 잘 알려진 사람들이다. 이들 외에도 우리가 알지 못하는 수많은 전쟁 포로와 도망자·모험가 들이 있었을 것이며 이들이 바로 아시아, 아프리카, 유럽에 걸쳐서 사상과 풍습, 심지어는 세균까지도 전파시킨 장본인들일 것이다. 십자군전쟁이란 다만 상당히 특수한 대규모의 접촉이었을 뿐이다.

이러한 여행가들이 있었음에도 불구하고 15세기 초까지는 유럽인들은 아시아나 다른 대륙의 존재를 알더라도 자세히는 알지 못했고 그 반대의 경우도 마찬가지였다.

이런 맥락 속에서 새로운 사실들이 대규모로 유럽인들에게 혹은 아시아인들에게 다가오게 되는데, 이번에는 단지 신중하고 호기심 많은 사람들뿐만 아니라 탐욕스럽고 조금은 거친 소양을 가진 사람들이 그 역할을 담당하게 된다. 이들의 선두에는 상업적 목적이나 군주의 의도를 따르는 항해가나 군인들이 있었다. 이러한 변화는 대략 1400년, 특히 1450년 이후 일어나게 된다.

위대한 발견의 시기

대항해 시대의 개막

봉건제도의 붕괴가 신흥도시의 상공경제를 탄생하게 했고 새로운 사회 구조 속에서 베네치아, 제노바, 리용, 아우스부루크, 뮌헨, 부뤄헤 같은 도시들이 왕권에 비견할 만한 강력한 도시로 성장하였다. 이 도시들을 지배하는 신흥 부르주아들이 그들의 시장이 확장되어가는 것을 기뻐했으리라는 것을 어렵지 않게 상상할 수 있을 것이다. 그들이 새로운 산물과 희귀하고 값비싼 물품을 구하려는 욕구가 시장과 판로를 구하는 국제 교역의 형태를 띠는 것으로 나타난 것은 오늘날의 논리로 보면 당연한 귀결이었을 것이다. 일반적으로 알려진 바와는 달리 1453년의 터키인에 의한 콘스탄티노플 함락이 중동 지방을 통과하는 향료의 운반로를 완전히 차단한 것 같지는 않다. 북쪽 통로인 제노바에서 흑해로 이르는 길과 베네치아에서 터키의 아달리아로 이르는 길이 막혀버렸지만 콘스탄티노플과 1516년 이후로는 알렉산드리아에서의 교역은 매우 활발했었다. 터키의 이른바 '평화' 정책이 대상들의 활동을 위축시키지는 않은 것 같다. 그렇다 하더라도 베네치아와 제노바의 독점 현상은 중대한 위협을 맞이하게 되었다. 포르투갈과 스페인이 비용이 더 적게 드는 경쟁 루트를 갈구하고 있었던 것이다. 부르주아들 역시 군비와 선박 증설, 해양 탐험대에 기꺼이 투자하였다. 백년전쟁이 끝남으로써 프랑스와 영국이 에너지를 전용할 수 있게 된 것도 상황 변화의 한 요인이었다.

그러나 이 차세대 주자들에게는 극복해야 할 한 가지 장애물이 있었다. 그것은 현금 정화(正貨)가 부족하다는 것이었다. 당시에는 신용 대출이 오늘날처럼 확실하지도 않았고 은행권과 수표는 아직 존재하지도 않았다. 약속 어음은 16~17세기에나 활성화되게 되니 아직은 확실한 대체 수단이 되지 못하는 상황이었다. 뿐만 아니라 공산품 가격이 하락하니 생산과 유통이 제한을 받게 되어서 온·열대 지방으로 귀금속을 찾으러 떠나는 것이 거역하기 어려운 유혹으로 다가왔던 셈이다. 더운 온도가 귀금속의 형성과 관계가 있다고 믿었던 것이다. 한 편 스페인과 포르투갈이 자리잡은 이베리아 반도의 명문가들은 유럽 중심부의 귀족 가문에 비해 정치·경제·사회적으로 상대적으로 취약한 입지에 처해 있었다. 이들은 만일 그들이 교회의 수하로 편입되지 않는다면 경쟁자들과 어깨를 겨루기 위해서 무엇을 해야 할지조차 모르는 상황이었다. 귀족으로서의 탐욕은 어쩔 수 없고 후발 귀족으로서 경쟁할 수단이 마땅치 않은 그들로서는 무엇인가 공공연히 과시할 수 있는 새로운 공작령의 봉토가 필요했다. 이런 상황에서 그 봉토가 저 먼 나라에 있다고 하더라도 무슨 상관이 있었겠는가! 운이 좋으면 그곳이 진짜 제국이 될 수도 있을 것인데.

'위대한 발견의 시대'는 비단 경제적 이유에서만 도래한 것이 아니었다. 본토에서 멀리 떨어진 곳에도, 자기들과 똑같은 사람들인지는 아직은 확실하지 않더라도, 사람들이 살고 있는 것은 분명한 만큼 그들을 종교의 이름으로 교화시켜야 한다는 기독교적 사명감도 작용했다. 뿐만 아니라 아직은 십자군 운동 이념을 완전히 포기한 것도 아니었다. 스페인과 포르투갈은 무어족[1]을 완전히 격퇴하고도 이들의 재침을 감시하기 위해서 무어족의 본토에 해당하는 아프리카 서북부 지역에 감시군대를 주둔시켰다. 13세기부터는 터키와 무어족이 세운 제국 외에도 또 하나의 강력한 제국이 역사상에 등장했는데 홍해를 건너 남 아라비아를 영토로 삼아 메카를 따라갈 정도로 크게 세력을 떨친 때도 있었던 아프리카의 에티오피아의 악숨 제국이 바로 그것이다. 물론 이 제국의 통치자는 '왕 중의 왕(Negusa Nugast)'이란 명칭으로 불려진 기독교인이었으나 제국의 방대한 영토가 서방국가들에게는 여전히 위협으로 간주되

스페인에 투우를 전한 사람들은 이베리아 반도를 정복한 이슬람의 무어인들이라고 전해진다.

었던 것이다. 이들의 세력권이 언젠가는 대서양 끝에까지 미칠 것이라는 두려움이 있었던 것이다. 그래서 이들과 동맹 관계를 맺어 이들을 견제함과 동시에 터키 세력을 압살하려고 했던 것이다.

'위대한 발견의 시대'의 도래를 부추긴 것은 앞서 언급한 두 요소 외에도 지리학상의 기술의 발전이 주요한 역할을 했다. 암흑의 시대를 살았던 사람들은 지중해 지역이 지구의 전부라고 생각했다. 그들의 생각 속에서는 지구는 지중해라는 커다란 대양으로 둘러싸인 원판형이었으며, 이 대양이 저 먼 곳에서 거대한 벽으로 하늘을 바치고 있었다. 심지어는 북쪽 대양이 얼음으로 변하면 남쪽 대양은 뜨거워서 물이 끓는다고 생각했다. 그러던 차에 아랍인들 덕택으로 이들의 생각이 바뀌게 되었는데, 특히 십자군전쟁 이후에 헬레니즘 시대의 고대 지리학이 유럽에 전해지게 되었던 까닭이다. 게다가 마르코 폴로가 '지판구'(일본)와 '케세이'(중국)도 존재한다는 것을 전해주었다. 이로부터 이들의 사고 속에서는 아시아와 아프리카가 같은 대양에 의해 둘러싸여 있고 이 대양을 통해 중국까지, 나아가서는 서쪽으로의 항해가 가능하다고 믿게 되었다. 단지 경도상 약 40도의 착오로 인해 일본이 오늘날의 캘리포니아 근처쯤에 위치하는 것으로 추정하였을 뿐이다. 새로운 지식의 전파와 함께 1302년의 항해용 컴퍼스의 창조, 1471년의 원양항해에 불가결한 레기오몬타누스의 항해력(航海曆)의 작성 등 항해 기술의 발전이 이른바 '대항해 시대'의 화려한 개막을 예고하였던 것이다.

쿠빌량과 디아스

대서사의 서막을 연 나라는 선구자 포르투갈이었다. 아마도 유럽에서는 가장 먼저 국내 영토의 통합을 이룩하였고, 아시아와 아프리카 그리고 대양에서 가장 가깝다는 이점이 맨 먼저 모험에 뛰어드는 것을 가능하게 했던 것 같다. 포르투갈의 바로톨레미 디아스는 엔리케 왕자의 지도하에 1420년경부터 아프리카 탐사에 주력하여 1460년경에는 세네갈 인근 해안까지 탐사하였다. 그러나 엔리케 사후 국내외의 정세가 안정되지 못해 1480년대 초까지 아프리카 탐사는 지지부진했다. 1481년에 주앙 2세(1481~1495)가 왕위를 계승하자 상황이 달라졌다. 당시 유럽에는 오늘날의 에티오피아에 해당되는 아비

시니아 고원에 터를 잡은 왕국은 하나의 신비였고 전설이었다. 당시의 유럽인들에게 아프리카 서안에 '사제 존(Prestor John)' – 제국의 통치자인 '왕 중의 왕'을 유럽인들은 지금도 이렇게 부르고 있다. 그만큼 에티오피아는 그들에게 하나의 전설이었고 신비였던 것이다 – 이 다스리는 강력한 나라가 자리잡고 있다는 풍문이 전해졌다. 이 풍문이 사실이라면 유럽의 기독교 왕국들은 선교사 존과 연합하여 이교도인 무어인을 협공할 수 있었다. 그것은 하나의 매혹임과 동시에 모험심을 충족시키기에도 알맞은 소재였던 셈이다. 주앙 2세는 이 풍문의 진위를 확인하기 위하여 1487년에 쿠빌량과 디아스를 육로와 해로로 각각 파견하였다. 쿠빌량은 육로를 통해 인도에까지 이른 뒤 귀환하는 길에 해로를 통해 인도까지 갈 수 있다고 보고하고 자신은 아비시니아 고원에 머물렀다.

디아스는 전설적인 그리스도교국 '사제 존'의 나라라고 상상되던 에티오피아를 발견하라는 임무를 부여받고 1487년 8월 선단 3척으로 떠났다. 그 해 말 서아프리카 남안을 2척으로 출범, 폭풍으로 13일간 표류하다가 북상하여 아프리카 남동쪽 끝, 지금의 남아프리카 포트 엘리자베스 부근을 발견하고, 계속 북상하여 인도양에 진입한다. 그러나 선원들의 반대로 되돌아가게 되는데 도중 케이프타운 남쪽 끝 케이프포인트를 바라보고 이곳을 '폭풍의 곳'이라고 명명하였다. 그 날짜는 기록에 남아 있지 않으나, 1488년 1월 이후의 일이라 추측된다. '희망봉'이란 명칭은 국왕 주앙 2세가 선원의 공포를 덜어

주기 위하여 개명(改名)을 명령하여 지은 것이다. 그는 바스코 다 가마의 항해를 도중까지 인도하였고, 1500년 5월 남대서양에서 돌풍에 그의 배가 침몰하는 해난 사고로 모험가로서의 일생을 마감하였다.

인도항로의 개척자 바스코 다 가마

아프리카 대륙 서부를 남하하여 동방과 교역을 하고자 하는 항해 왕 엔리케의 꿈을 40년 만에야 마침내 실현시킨 것은 바스코 다 가마(Vasco da Gama, 1469~1524)이다. 어린 시절에 대하여서는 에보라에서 수학과 항해술을 배웠다는 것 외에는 분명하지 않다. 마누엘 1세의 인정을 받아, 디아스의 희망봉 발견 후로 숙원이던 인도항로 개척의 원정대장이 되었다. 1497년 7월 8일, 170명의 선원을 인솔하고 리스본을 출범했다. 배의 선대는 기함 산 가브리엘 호(200톤), 산 라파엘 호(200톤), 팔리오 호(100톤)와 식량 운반선(400톤) 등 모두 4척이었다. 약 1주일에 걸쳐 카나리아 제도 부근까지 남하한 곳에서 짙은 안개에 휩싸여 배가 뿔뿔이 흩어지게 되었다. 2주일을 헤맨 다음에 보다 남서쪽의 베르데곶 제도 부근에서 만나, 섬으로 기항하여 식량과 물을 보급 받고 8월 3일 그 섬을 출발하였다. 도중까지 동행한 디아스의 조언대로, 시에라레온 앞바다에서 대서양을 서쪽으로 크게 우회하는 혁명적 항법을 써서 항해를 계속했다. 11월 4일에 간신히 세인트헬레나 만에 도착하였다. 희망봉 북쪽 약 50km에 있는 케이프타운 북쪽에 있는 만이다. 배의 동체 부분에 달라붙은 굴 등을 떨어뜨리고, 찢어진 돛을 수리하고 식량, 물, 땔감 등을 보급 받아 출발하여 11월 22일에 희망봉을 돌아 대륙 동해안을 북상하여 현 남아프리카공화국의 더반, 켈리마네, 모잠비크, 몸바사로 기항하였다. 모잠비크 부근에서부터 이슬람교도와의 접촉이 시작되었으나 일행은 자신들이 기독교도임을 숨기지 않았다.

가마 일행은 자신들이 가지고 온 방울, 산호, 모자, 외투 등이 빈약하였으나 어렵사리 인도로 가는 길을 아는 안내인을 고용하여 1주일 후에 아프리카 남해안의 모셀 만에 기항하였다. 여기서 식량 선을 버리고 남은 식량을 나누어 1498년 4월에는 현 케냐의 말린디에 도착하였다. 도중에도 역시 이슬람교도들의 적대적 방해로 시달림을 받았으나, 우호적인 말린디에서는 이슬람의 수로 안내인 이븐 마지드의 도움으로 인도양을 횡단하였다. 그의 안내로 가마 일행은 1498년 5월 18일 마침내 인도의 말라바르 해안의 인도 남서 해안의 항구 캘리컷에 도착하였다. 70년에 걸친 인도항로 발견의 대사업이 성취된 것이었다.

캘리컷 왕이 포르투갈 왕 마누엘 1세에게 보내는 자필 서신을 받은 가마 일행은, 1498년 10월 초 인도의 고아에서 아프리카로 향해 서진을 시작하였다. 그러나 독점무역에 위협을 느낀 이슬람 상인들의 방해와, 무력(武力)에 대한 지방 영주들의 경계심 때문에 돌아오는 길 역시 쉽지는 않았다. 정식 통상

교섭은 난항을 거듭, 3개월 만에 겨우 약간의 향료를 입수하였다. 10월 다시 인도양을 횡단하여 올 때와 반대되는 방향으로 항해하나 괴혈병, 열병 등으로 선원의 반 이상을 잃었다. 1499년 9월 가까스로 리스본에 귀환하여 대대적인 환영을 받고, 귀족이 되어 연금을 받았다. 출발해서 약 26개월 후의 일이다. 그로부터 약 6개월 후인 1500년 3월 9일에 카브랄(Alvares Cabral, 1467~1520)은 희망봉의 발견자인 디아스와 함께 가마와 다른 항로를 찾아 인도로의 왕복을 시작하였다. 대서양을 보다 서쪽으로 나아간 그들은 브라질을 발견하였다. 그러나 되돌아온 희망봉 부근에서 심한 폭풍우를 만나 디아스가 세상을 떠났다. 남은 카브랄은 인도로의 왕복을 마치고 1501년 7월 1일경에 리스본으로 돌아왔다. 그의 배에는 다량의 향료, 도자기, 생강, 향목, 진주, 다이아몬드, 루비 등이 실려 있었다. 이렇게 하여 포르투갈의 황금 시대가 시작되어 포르투갈 왕마누엘 1세는 '해운 왕'이라 불리게 되었다.

콜럼버스의 신대륙 발견

어쩌면 역사의 우연인가, 먼저 이룩한 성과에 만족하여 포만감을 느낀 포르투갈 왕이 인도에 정착하는 동안 스페인으로 하여금 아메리카의 길을 열게 하였다는 것이.

1492년 8월 3일, 햇살이 이제 곧 위력을 발하기 시작하려는 팔로스(Palos) 항. 이탈리아인, 스페인인 그리고 영국인, 유대인 각 한 명을 포함한 88명의 선원을 나누어 태운 세 척의 배(100톤의 산타마리아, 50톤의 핀타, 40톤의 니나)는 경이로운 행렬을 구경하려는 사람들의 시선을 뒤로하고 출발을 준비한다. 군중들의 소란스런 웅성거림 속에서, 맨 마지막으로 항구를 떠나는 배의 선미에 짙은 코발트색 외투를 걸친 자는 해군 제독 크리스토퍼 콜럼버스다.

제노바의 직조공의 아들로 태어나 한동안 부친의 가업을 돕고 있었던 그는 끝내 바다의 유혹을 어찌할 수 없었던 모양이다. 하기야 제노바가 고향인 그에게는 바다는 그의 생활이나 다름이 없었다. 아침에 일어나 눈을 뜨면 하늘보다 먼저 다가서는 것이 바다였던 것이다. 결국 천지학을 배운 후에 바다에 대한 열정으로 항해술을 습득하였다. 무한한 열정과 강력한 의지, 풍부한 상상력의 소유자였던 그는 여러 차례의 항해를 성공적으로 마친 후 1477년부터 포르투갈의 리스본에 정착하여 1480년 결혼하였는데, 그의 장인이 선장이었기 때문에 해도제작(海圖製作)에 종사하였다. 이 무렵에 그는 피렌체의 천문학자인 토스카넬리에게서 지도(地圖)를 구해 연구한 적이 있는데 이때 그가 서쪽으로 항해하여도 인도에 도달할 수 있다는 확신을 가지게 된 것이라고 한다. 그러나 이 말은 그다지 신빙성 있게 들리지는 않는다. 그가 토스카넬리가 주교 성당의 참사원에게 보낸 편지를 접한 것은 1474년이었는데 실제로 그는 결혼한 이후에야 대규모의 항해에 관심을 보였기 때문에 토스카넬리의 연구가 그의 인도 항해의 직접적인 발단이라고 보는 데에는 무리가 따른다. 아무튼 1484년에 포르투갈 왕 주앙 2세에게 대서양 항해탐험을 헌책하였으나 당시에 포르투갈의 왕은 아프리카 식민지 계획에만 열중하여 희망봉 루트를 준비 중이었고 또한 콜럼버스의 요구가 너무 과도한 탓도 있었기에 왕이 허락하지 않자, 스페인으로 갔다. 당시 스페인은 카스티야와 아라곤으로 구분되어 카스티야 여왕 이사벨 1세와 아라곤 왕 페르난도 2세가 카스티야를 공동 통치하고 페르난도가 아라곤을 단독 통치하는 상태였다. 1486년부터 콜럼버스는 여러 차례 왕에게 자신의 계획을 헌책했으나 어렵게 맞이한 기회도 살라망가 대학의 학자들의 반대에 부딪혀 거절당하고 만다. 계획이 너무 모호하다는 것이 이유였다. 그럴 만도 했다. 아메리카는 아직 마음속의 대륙이었을 뿐이니 있지도 않은 길을 가겠다는 콜럼버스의 계획이 누구의 눈에라도 무모하고 모호하게 비치지 않겠는가. 더구나 보수적인 대학의 학자들의 눈에는 계란으로 바위를 치는 격이었을 것이다. 이 무렵 강철 같은 의지의 소유자인 그도 절망하기 시작했다고 한다.

그러나 원대한 희망을 가진 자는 결코 완전히 포기하지 않으며 또 하늘도 영원히 홀대하지 않는 법이다. 1491년 스페인은 무어인을 제압하여 그라나다를 완전 병합하는 통일을 달성한다. 이때에 이르러 이사벨과 페르난도 부부는 해외진출에 관심을 갖고 있던 터라 이사벨이 콜럼버스를 등용하였다. 콜럼버스의 요구가 과도하여 역시 약간의 마찰이 있긴 하였으나

인디언의 환영을 받는 콜럼버스 일행.

페르난도의 중개로 수습되어 콜럼버스는 마침내 이사벨라의 후원을 얻게 되었다. 계약 조건을 보면 콜럼버스는 발견한 토지의 부왕(副王)으로 임명될 것이며, 이 직책과 특권(산물의 1/10)은 자손에게 전승한다는 것이었다. 이사벨은 자금을 제공한 외에도 팔로스 시(市)로 하여금 선박 2척, 핀타 호와 니나 호를 내주게 하고, 과거의 모든 죄를 사면하여준다는 조건으로 승무원 모집에도 협력하여주었다. 또한 팔로스 항에 사는 핀손이라는 부유하고 유능한 선장이 자기 소유 선박인 산타마리아 호와 함께 참가하였다.

항해는 비교적 순조로웠고 5주일 동안이나 계속되었다. 그러나 카나리아 군도에서 재충전한 후에도 육지가 보이지 않자 선원들은 명령을 거역하고 육지에서 멀어지는 데 불안을 느껴 회항을 간청하기도 하였다. 그러나 콜럼버스는 항해한 거리를 숨기고 이제 곧 재물이 손에 들어올 것이라고 선원들을 설득하고 진정하였다. 10월 11일, 핀타 호의 선원이 갈대와 풀잎이 물에 떠 있는 것을 발견하였다. 콜럼버스는 맨 먼저 육지를 발견하는 사람에게 왕과 여왕이 약속한 11~12세기에 주조한 스페인 금화 일만 마라베디와 명주 속조끼를 주겠다고 선언했다. 마침내 10월 12일 육지가 나타났다. 콜럼버스는 그곳을 성스러운 구세주라는 뜻의 '산 살바도르'라고 명명했다. 목숨을 보장할 수 없는 긴박한 상황에서 다다른 육지는 곧 구세주와 다름없는 것이었으니 본능적이고도 적절한 명칭인 셈이다. 이 새로운 땅은 스페인의 안달루시아에서 4월에나 볼 수 있는 풀이 무성하게 자라 있는 곳이었다. 그는 이곳이 인도의 일부라고 생각하였다.

이듬해 3월에 콜럼버스는 스페인으로 귀항했고 의기양양한 이 탐험가를 스페인은 최고의 영예로서 맞아주었다. 신세계 부왕으로의 임명은 그에 비하면 구차한 수식에 불과할 정도였다. 이후 그는 17척에, 대부분 금을 기대하고 지원한 1,500명의 대선단을 이끌고 2차 항해를 떠났다. 그는 그곳에 여왕의 이름을 딴 이사벨라시를 건설하는 한편, 인디언들을 동원하여 금을 채굴하였다. 그러나 금의 산출량은 신통치 않았고 항해자들은 인디언을 살육하고 노예화하는 만행을 저질렀다. 황금 대신 노예가 본국으로 보내졌고, 콜럼버스는 문책을 당하였다. 총독으로서는 실패한 것이었다. 사실상 그 직책을 파면 당한 채 구금상태로 스페인으로 송환되었다. 정확하게 말하자면 그는 그 시점에서 인간적 욕망과 의무로부터 비로소 자유로워진 것이다. 그에게 두 번 다시 행정권은 주어지지 않았다. 소문으로는 가난해져서 죽었다고도 하지만 그 근거는 없다. 1506년에 그가 죽을 당시는 그런 대로 풍족한 생활을 하고 있었다.

콜럼버스의 꿈은 단순한 공상의 산물이 아니었다. 해양과 지구 물리학에 관한 지식이 그의 상상력을 뒷받침하고 있었으며, 또한 그가 마르코 폴로의 『동방견문록』을 숙독하고 있었다는 것도 확실하다. 실제로 스페인의 세비야에 있는 콜럼버스 박물관에는 그가 기입한 라틴어로 된 『마르코 폴로 여행기』가 보존되어 있다고 한다. 콜럼버스의 항해의 목적이 '황금의 나라'를 발견하려는 데에 있었다고 하는 속설이 있었으나, 이슬람교도들의 방해를 받지 않고 인도와 교역하는 길을 열려는 것이 직접적인 목적이었던 것 같다.

콜럼버스의 아메리카 발견은 세계사에 큰 변화를 가져왔다. 동서 교섭의 관계에 있어서 중세에는 서양이 수동적인 입장에 서 있었는데, 아메리카 발견을 전후해서 동양이 수동적으로 되고 서양이 적극적으로 행동하게 되었다. 결국 무역의 중심지가 이동됨으로 해서 지중해 무역이 쇠퇴하고 대서양 연안 국가들이 번영하게 되었다. 그에 따라 유럽인들의 생활에도 큰 변화가 일어났다. 동양의 산물이 대량으로 유입되었고, 신대륙에서 담배, 코코아, 감자 등이 수입되었다. 또한 새로 생긴 넓은 시장을 토대로 유럽의 상공업과 금융업이 급속히 발전했다. 신항로 개척의 결과 지구상의 여러 지역과 문명이 서로 밀접한 연관성을 맺는 진정한 의미의 세계사가 성립되게 된 것이다.

물론 콜럼버스는 신세계를 발견한 최초의 유럽인이 아닐지도 모른다. 카르타고의 집정관 하논의 탐험대에서 조난한 난파선이 아메리카 대륙까지 흘러갔다는 설도 있고, 중세 북유럽 바이킹족인 리프 에리크는 콜럼버스보다도 몇 세기나 전에 아메리카 대륙에 도착했었다고 한다. 바이킹과 콜럼버스와의 시대적 간격에도 대서양을 넘은 유럽인이 몇 사람 있었다는 것은 그럴 듯한 추측이다. 설혹 콜럼버스가 실패했다손 치더라도 그 당시의 형세로서는 결국은 누구든지 발견했을 것이라고 생각된다. 그러나 진정한 발견자는 어쩌다 우연에 의해서 최초로 어떠한 곳에 다다른 자가 아니라 불확실성 속에서도 자신의 가정이 옳다는 신념을 가지고 노력하여 발견하는 사람이다. 선배들의 사상과 열정을 공유하고 마찬가지로 그가 이룩한 업적이 공통의 유산으로서 남게 되는 그러한 자들을 진정한 발견자라고 부르는 것이다.

　이 점에 있어서 콜럼버스는 의지력, 탐구심, 재능 면에서 누구보다도 탁월하였다. 다만 콜럼버스론을 마치면서 조금 안타까운 점은 콜럼버스의 인격은 그다지 향기로울 정도는 아니었을 거라는 의심이 든다는 점이다. 그는 어쩌면 지나치게 욕심이 많은 사나이였는지도 모른다. 이사벨 여왕으로부터 재정적 원조를 얻는 과정에서도 지나친 요구로 인해 실패할 뻔하였으나 다행히 페르난도의 중개가 있었기에 여왕의 허락을 얻어냈고 신대륙의 원주민인 인디언들을 몹시 잔학하게 다루기도 했다. 그렇다 하더라도 세상은 때로는 완벽한 도덕주의자만을 필요로 하는 것은 아니다. 게다가 지나친 절제와 인내는 진보를 향한 발걸음을 더디게 할 수 있다. 더욱이 오늘날의 윤리기준으로 그를 심판하는 것은 옳지 않은 일이며 그가 이룩한 업적의 역사적 의미는 백 번 양보한다 할지라도 그의 모든 결점을 보상하고도 남을 만하다.

향료무역과 마젤란

세계의 정복이라는 차원에서 스페인과 포르투갈, 두 나라의 경쟁의 본질은 누가 향료의 운반 통로를 차지하느냐 하는 것이었다. 향료는 육류를 저장하거나 음식물의 맛을 내는 데 없어서는 안 될 재료로서 후추, 계피, 육두구, 정향 등을 말한다. 주로 인도와 실론, 몰루카 제도 등지에서 산출되었다. 원산지에서는 공짜나 다름없는 향료가 소비자의 손에 넘어갈 때는 여러 상인의 손을 거치면서 은과 같은 값이 되어 엄청난 이익을 남겼다. 마젤란은 5척의 배에 237명의 승무원으로 항해를 출발했으나 3년 만에 세계 일주를 마치고 돌아올 때는 낡은 배 한 척에 18명의 선원에 불과하였다. 그러나 이들이 한 척의 배에 싣고 돌아온 향료는 그 동안의 모든 비용을 보상하고도 남았다 하니, 당시 향료 무역의 이익이 어느 정도였는지 상상할 만하다.

이 경쟁관계는 필연적으로 갈등관계로 이어지게 되는 것이 세상사의 이치였던 만큼 상당히 오래 지속된다. 콜럼버스 귀환 후, 포르투갈은 아마도 새로운 땅의 발견에 처음 앞장섰다는 자부심과 디아스에 의한 희망봉 발견이 기여한 공을 내세워 자신들의 몫을 요구하였다. 스페인은 스페인대로 새로 발견한 지역을 스페인의 영토로 인정해줄 것을 로마 교황청에 요청했다. 당시의 교황은 스페인 출신의 알렉산더 4세였는데 그의 결정은 서경 38도를 기준으로 해서 그 서쪽을 자기의 조국에 부여하며 그 동쪽 영역에서는 포르투갈의 권리를 인정한다는 것이었다. 그런데 서경 38도라 하면 대서양 상의 아조레스 제도를 훨씬 지나서 현 브라질의 앞바다쯤에 해당하는 것이었으니 사실상 신대륙 전부가 스페인의 권리로 귀속된다는 것으로서, 만일 포르투갈의 권리가 인정되어야 한다면 매우 일방적인 결정이었다. 포르투갈의 항의는 당연한 것이며, 양국은 협상 끝에 1494년 토르데실라스 조약에 따라 이 분계선을 170리(서양의 거리 측량 단위로서 1리는 4km에 해당함) 더 서쪽으로 밀게 된다. 이로써 경계선이 서경 46°37'으로 옮겨지게 되어서 브라질의 절반과 대서양·아프리카·인도양·인도네시아를 포르투갈이, 아메리카·태평양·필리핀을 스페인이 차지하게 되었다.

　마젤란의 원정도 이 경쟁관계의 산물이었다. 페르디난드 마젤란(Magellan Ferdinand, 1480~1521)은 포르투갈의 하급귀족 출신이다. 마누엘 왕에게 출사하여 포르투갈령 인도 총독의 부하로서 동남아시아에서 일하였으며 아프리카와 인도 항로에서도 근무하였다(1504~1511). 이어서 1511년 말라카에서 몰루카 제도 무역의 정보도 입수하였다. 포르투갈 왕의 중신 중 한 사람이었으나 모로코에서 현지 무어인과의 거래가 왕의 의심을 사게 되어 불신을 받자 포르투갈과의 인연을 끊고 스페인으로 갔다. 마젤란은 잘못된 정보로 남위 40도가 채 못 되는 곳, 즉 현재 남아메리카의 라플라타 강 근처에 해협이 있다고 확신하고 있었던 것 같다. 그는 서쪽 항로를 택하여 몰루카 제도로 갈 계획을 세우고 스페인 왕 카를로스 1세에게 제안하여 허락을 받아낸 1519년 9월, 5척의 선대와 237명의 선원을 이끌고 세빌리아 항을 출발했다. 다음해 1월에 라플라타 항에 도착했으나 기대했던 해협이 아니어서 우회할 수밖에 없었다. 남하를 계속하여 해협을 빠져 나와 대양으로 나섰는데 이것이 마젤란 해협이다. 그는 이때 기쁨에 겨워 해협 출구의 갑을 '대망의 갑'이라 명명했다. 배는 이미 3척으로 줄어 있었다. 이 해협에서 한 척을 잃었고 또 한 척은 해협 횡단 중에 본국으로 뺑소니를 쳤던 것이다. 비좁고 얕은 해협에서 목숨을 알 수 없는 필사의 전투를 치른 후, 운 좋게도 겨우 빠져 나와 꿀맛 같은 평화로운 시간과 마주하는 순간 그들 앞에는 거대한 대양이 있었던 것이다. 너무나도 거대하게 펼쳐진 바다는 끝이 보이지 않았고 파고는 잔잔하기 이를 데 없었을 것이다. 하여 마젤란은 그곳을 '태평양'이라고 불렀다. 그러나 시간은 흘러 이곳에서 식량이 바닥 나 배 안에 있는 쥐를 잡아먹고 돛대에 달려 있던 쇠가죽까지 모조리 먹어 치워야 할 정도였다. 일행의 1/10이 괴혈병으로 넘어지고 말았다. 그 후 110일의 항해 끝에 1521년 3월 마침내 섬 그림자를 보았다. 필리핀 제도의 한 작은 섬이었다. 그는 그곳이 몰루카 제도에서 멀지 않다는 것을 알 수 있었다. 이로써 몸소 지구가 둥글다는 사실을 확인한 것이다. 그러나 그는 원주민과의 전투 끝에 목숨을 잃는다. 지휘관을 잃은 남은 일행은 몰루카 제도에 배를 대었다가 희망봉을 우회하여 1522년 9월 세빌리아로 돌아왔다. 고국을 떠난 지 3년 만의 일이었으며 배는 1척, 선원은 18명만이 남아 있었다. 그러나 그들은 완전히 지구를 일주했던 것이다.

아즈텍과 잉카의 비극

포르투갈에게 거의 브라질의 절반을 내준 스페인으로서는 라틴 아메리카의 나머지 부분을 점령할 일만이 남아 있었다. 이제 안틸레스 제도의 바닷가 스페인 군대의 전초 기지로서 지중해의 역할을 담당하게 된다. 그렇지만 지중해의 부드러운 미풍과 온화한 기후 속에서 자라난 그들이 접하게 된 것은 그렇게 만만한 것은 아니었다. 야만족, 특히 멕시코 고원의 아즈텍 제국과 잉카 왕국의 문화를 이어온 페루 지역의 키추아스 제국이라는 전혀 이질적인 문화가 있었던 것이다.

1519년 에르난 코르테스는 약 660명의 부하와 14문의 대포, 16마리의 말을 이끌고 남멕시코 해안에 상륙해서 베라 쿠루즈에 요새를 구축한다. 원주민들은 아직 말이나 대포를 알지 못했으므로 무서운 공포에 사로잡혔고 더구나 그들의 종교가 언젠가는 동쪽에서 구원자가 올 것이라는 믿음을 갖게 했기 때문에 피지배부족들이 스페인에 가담해서 배반했으므로 아즈텍족은 단숨에 궁지에 몰리게 되었다. 코르테스는 손쉽게 제국의 수도인 멕시코로 전진하고 족장인 몬테주마는 정복자를 친구로서 환영한다. 그러나 6일 후, 6명의 스페인 병사들이 멕시코인들에게 공격받는 사고가 발생하자 코르테스는 몬테주마를 포로로 감금하고 이 제국을 보호령으로 만들 준비를 한다. 결국 1521년, 코르테스는 처참한 살육전을 벌여 아즈텍 제국을 정복하고 막대한 황금을 빼앗는다.

코르테스가 멕시코에서 막대한 황금을 손에 넣었다는 소식은 파나마에도 곧 전해졌다. 남쪽 바다 건너 거대한 황금 제국, '엘도라도'가 있다는 소문은 즉각 피사로를 대장으로 하는 탐험대를 조직하게 하였다. 여러 차례 탐험 후 1531년 그들은 잉카 제국의 북단에 도착하였다.

잉카 제국이란 안데스 산맥과 고원에 있는 쿠스코를 수도로, 남쪽은 현재의 칠레 남부로부터 북쪽은 에콰도르에까지 길쭉하게 뻗은 대제국이었다. 잉카 제국은 문화면에서 토목과 역학, 건축기술 등이 발달하였고, 태양을 숭배하는 거대한 신전이 있었다. 피사로가 상륙했을 때 겨우 150여 명의 병사를 거느리고 있었지만 잉카 황제 아타발리파를 책략을 써서 사로잡아 포로로 삼았다. 잉카 황제는 아즈텍 제국과는 달리 훨씬 권위가 높았으며 그의 명령은 절대적이었다. 아타발리파는 석방 조건으로 금과 은을 제공하겠다고 약속하였고 그의 명으로 막대한 금·은이 피사로에게 제공되었다. 그러나 피사로는 약속을 짓밟아 황제를 처형하고, 쿠스코로 쳐들어가 처참한 살육을 자행한다.

여행가들이 인류에 미친 결과와 의의

그렇다면 이러한 선구자들과 위대한 여행가들이 인류에 미친 결과와 그 의미는 무엇일까? 우선은 먼저 지식의 경계의 확장을 말할 수 있을 것이다. 지구의 지동설과 새로운 천체의 발견으로 인한 천체학의 진보, 계절풍이나 순환풍의 발견과 같은 기후학의 발전, 해양학, 동식물학, 지리학, 인류학 등등. 이는 곧 단지 새로운 문화 형태에 대한 지식만을 의미하는 것이 아니라 유럽인들에게는 자신의 고유한 문화에 대한 대척점을 알게 되었다는 것을 의미한다. 달리 말하면 그들이 절대적이라고 믿었던 자신들의 문화 자체가 어쩌면 상대적 가치만을 가질지도 모른다는 인식이 싹텄음을 의미할 수 있다.

이것은 곧 종교적 위기와도 무관하지 않다. 그때까지 기독교는 서구의 종교로서 하나의 완벽성 속에서 지고의 권위를 누려왔다고 해도 과언이 아닐 것이다. 아무리 하찮은 것이라도 불경은 결코 용인되지 않았으며 또 용인될 수도 없었다. 그러나 이런 면에서는 새로운 세계의 발견으로 회교는 그다지 상처받지는 않았지만 교회는 거대한 새로운 영역을 과제로서 안게 된 셈이었다. 기독교의 세계화라는 것은 이제 더 이상 유럽만의 기독교화와 동일시될 수가 없었을뿐더러 교회는 사회적 변동으로 발생한 새로운 도덕적 문제들을 해결해야만 했다. 사탕수수와 향료의 사용, 조금 후에는 담배와 감자 같은 작물의 전래로 인해 일반적으로 생활수준이 향상되었으며 노예제도 부분적으로 재출현하였으며 대중개상, 선주 같은 새로운 사회 계층도 형성되었다. 이는 이제까지는 익숙하지 않았던 수많은 사회적 문제들이 발생하며 교회는 거기에 응할 수 있어야 한다는 것을 의미했다.

사회적 변동은 특히 경제의 확장과 긴밀한 관계가 있었다. 멕시코와 페루의 금·은 광산의 개발은 세계 무역의 지도를 확연하게 바꿔버린다. 지중해 시장에서 지불 수단으로 사용되어 특히 이탈리아 경제에 활력을 불어넣었던 금의 이동은 이때까지 주로 대상들이 담당하였던 바, 이들이 금을 싣고 사하라 사막을 횡단함으로써 북부 아프리카에서 금의 교역이 이루어졌던 것이다. 오늘날의 가나 지역에 위치한 미나(Mina)가 금의 교역 기지였다. 그러나 이제부터는 이 금 교역 기지가 대서양과 리스본으로 바뀐다. 달리 말하면 아프리카와 유럽 간의 금·은 교역이 유럽과 신대륙 간의 교역으로 대치된다는 것을 의미한다.

가격은 최소한 1640년까지는 꾸준히 상승하였는데 이 역시 경제의 구조와 지표를 민감하게 변화시키는 결과를 야기한다. 제품의 가격이 상승함에 따라 생산자들의 이윤이 증가하게 되었으며 임금 노동자들의 임금은 상대적으로 하락하게 된 것이다. 토지 소유자인 지주 계층이 재산의 구조에 있어서 점차로 세력을 잃어가는 반면 교역 증대의 결과로 동산 가치의 상대적 상승이 경제를 활성화시키는 주요 요소로 작용하게 된다. 거래의 지불 양태에 있어서도 새로운 형태가 등장하였다. 특히 신용 거래 성격이 두드러졌는데, 교환증서·약속어음·국채·공채 등이 등장하였다.

뿐만 아니라 새로운 형태의 산업도 유행되기 시작하였다. 상인들이 수백 명의 장인들에게 원료를 제공하고 판매를 담당해주는 이른바 위탁 형태의 사업을 시작한 것이다. 물론 적정 수준의 회계는 개개의 장인들에게 돌아갔으나 본질적으로 이 장인들은 상인들이 요구하는 일만 하게 되는 처지로 전락한 것이었다. 이른바 생산의 관리와 이윤이 상인들의 손에 맡겨진 상업 자본주의가 도래한 것이다. 토지 재산이 제 이차적인 서열로 격하된 만큼 이제는 돈이 모두가 찾는 대상이 되어서 대기업, 심지어는 전쟁에 있어서도 제 일차적 수단이 되어버렸다. 바야흐르 돈이 한 국가가 세계에서 자국의 위상을 강요하는 척도가 되어버린 것이다.

마지막으로 위대한 지리상의 발견은 무역의 통로를 완전히 변화시켜버렸다. 포르투갈이 해양 통로를 장악해버림으로써 아시아의 제 국가들은 자기 대륙의 내부에서만 교역을 하게 되었다. 예컨대 인도차이나 반도의 나라들은 해양 생활권에 있어서는 인도에 소속되었지만 곧 중국 대륙의 영향권으로 복속하게 되었다. 특히 유럽에서는 대서양이 예전에 지중해의 위상을 물려받게 된다. 1530년 이후로는 베네치아는 산업화되어 어느 정도의 번영을 맞게 되지만 베네치아와 제노바는 교역기지로서의 이점을 잃어버리게 된다. 이제 선단은 세빌리아와 리스본을 향하게 되고 삼각 무역이 자리잡게 된다. 이렇게 해서 대서양 연안의 국가들은 차례로 전성기를 맞이하게 될 것이다.

후계자들

1600년경, 유럽인들은 거의 지구의 정확한 형태를 파악한 것 같다. 아직 여전히 미지의 지역이 많았지만 17세기 초에는 대여행가들이 주로 북방항로에 관심을 가졌다. 이들은 주로 영국과 프랑스 등 뒤늦게 대항해에 참가한 나라 출신들로서 이미 스페인과 포르투갈의 세력이 확립된 지역에서 아직 미답의 지역을 개척하거나 아니면 전혀 새로운 항로를 개척하지 않으면 안 되었다. 16세기 후반부터 카리브 해 또는 그 밖의 신대륙 여러 지방에 양 국가의 해적선들이 자주 출몰하게 된 것도 우연이 아니다. 영국의 F. 드레이크 같은 이들은 스페인 내해로 간주되던 태평양에서 약탈을 감행하였다. 그러나 그와 동시에 영국은 북방항로의 가능성을 검토하기 시작했다. 우선

스칸디나비아를 북동으로 돌아 북극해에 들어가 동진하는 북동항로의 탐색을 런던의 모험적인 상인과 세바스티안 카보토가 수행하였다. 최초의 시도는 1553년 윌로비의 항해로서 노바야젬랴 섬이 발견되었다. 그 후에도 찬셀러·페트·자크만 등의 항해가 계속되었고, 네덜란드도 뒤따랐다. 아메리카 대륙 북부에 대해서는 1534~1535년에 프랑스의 카르티에가 탐색 항해를 하였으며, 1576년 후로빗샤의 항해를 시작으로 북서항로 탐색이 진전되면서 그린란드·뉴펀들랜드·허드슨만·배핀만 등의 지형이 밝혀졌다.

18세기에 영국의 산업혁명이 활발한 성과를 거두고, 해외 무역의 확장은 국가적인 배경을 가지게 되었다. 이때 수많은 유럽 탐험가의 정력적인 탐험에 의하여, 남북 양 극지방을 제외하고는 새로운 세계의 발견은 거의 완성되었다. 즉, 지도상에서 보는 세계의 해안선은 오늘날과 거의 같은 정도로 정착된 것이다. 크로노미터의 발명은 원양항해를 한층 확실한 것으로 만들고, 1768~1780년의 쿡의 3차에 걸친 세계주항의 대탐험은 지리적인 많은 발견뿐만 아니라 금성의 태양면 통과의 관측, 태평양의 측량, 각지의 민속 관찰과 기재 등 많은 학술적인 수확도 거두었다.

19세기에 접어들면서부터는 열강의 국력신장과 함께 탐험은 새로운 대륙이나 항로를 찾는다기보다는 대륙 내부를 지향하게 되어 미답 지역을 답사하는 쪽으로 선회할 수밖에 없었다. 나폴레옹의 이집트 원정에 수반하는 고고학적 조사, 훔볼

트의 남아메리카 학술탐험 등은 그의 선구가 되고, 웬트워스의 오스트레일리아 탐험, 리빙스턴과 스탠리의 아프리카 탐험, 헤딘의 중앙아시아 탐사 등이 행해졌다.

이때부터 고도의 자본주의 시대로 들어가 문명사회의 교통과 통신 수단으로서의 기차와 기선, 전신기가 발명되고, 탐험도 이러한 과학 기술의 진보를 배경으로 하는 것이 많아졌다. 대서양 횡단의 해저 케이블 부설에 수반한 해양과 해저 조사의 필요성은 많은 해양 대탐험을 낳게 하였다. 그리하여 1872~1876년의 챌린저 호(號)에 의한 해양탐험은 해양학 탄생의 획기적인 계기가 되었다.

제1차세계대전 전까지의 지리적 탐험의 주목표로서는 양극지방만이 남은 정도가 되었으나, 결국 북극점은 1909년 미국의 R. 피어리가, 남극점은 1911년 노르웨이의 R. 아문센이 각각 정복하였다. 제1차세계대전에 의하여 비약적인 발달을 이룬 비행기와 무선기술이 탐험을 능률적으로도 현저하게 진척시켜, 단시간에 광대한 범위를 조사할 수 있게 되었다. 미국의 R.E. 버드의 비행기에 의한 남극 도달은 좋은 예이다. 미지의 세계에 대한 인류의 욕망은 마침내 지구의 범주를 벗어나 우주의 영역에까지 이르게 되었다. 1957년 인류 최초의 위성인 러시아의 스푸트니크 1호가 발사된 이래 인간은 마침내 1969년 전설 속의 영역이었던 달에까지 그 족적을 남기고 말았다.

근대적 의미의 여행

생명의 유지와 종족의 보존이라는 차원에서의 이동의 본능은 결과적으로 인류 역사의 궤적을 이루고 말았다. 이런 관점에서 본다면 르네상스와 그 이후 몇 세기에 걸쳐서 이루어진 위대한 대발견들은 인류가 애초부터 본능 속에 잠재적으로 소유하고 있던 이동성이 다양하게 표출되고 실현된 결과일 뿐이다. 그런데 19세기 말부터 이 이동 본능의 표출로서의 여행은 그 본질에 있어서 커다란 변화를 보이게 되는데 이른바 근대적 의미의 여행의 태동이 그것이다.

이미 18세기의 산업 혁명은 새로운 형태의 여행을 예고했다. 도로 사정이 개선되어 이동시간은 단축되었고, 산업의 팽창은 크고 작은 도시들의 번영을 부추겼으며, 이것이 여행자들의 잠재적 숫자를 증가시켰다. 노동시간이 점차적으로 규칙화됨에 따라서 여가와 바캉스라는 개념도 점차로 자리잡게 되었다는 것은 어렵지 않게 추측할 수 있다. 이것은 우리나라의 주 5일제 근무가 새로운 여행 수요를 가져온 것과 같은 맥락에서 파악할 수 있을 것이다.

이런 맥락 속에서 근대적 의미인 관광으로서의 여행의 개념은 유럽과 북아메리카에서의 증기선의 발명과 그 궤를 같이한다. 1821년 증기선이 최초로 영국과 프랑스 사이의 도버 해협을 통과한 이후로 1840년 연간 100,000명의 여객을 운반한 것으로 추정된다. 같은 해 증기선 브리테니어 호는 14일 만에 대서양을 횡단하여 미국에 도착했다. 1828년에는 라인 강에 증기 유람선이 운행되기 시작했으며, 몇 년 후에는 론 강과 다뉴브 강에도 유람선이 개통되었다. 그러나 무엇보다도 철도망의 발달로 인하여 사람들은 보다 빠르게, 보다 멀리까지 여행할 수 있게 되었다.

관광으로서의 여행을 맨 먼저 유행시킨 사람들은 주로 북서부 유럽의 영국과 프랑스 그리고 독일인들이었다. 특히 영국인들은 자국의 기후 탓인지 일찍부터 유럽의 온천 지대를 즐겨 찾았다. 이는 이미 영국 왕실이 모범을 보여준 것이었다. 또한 전원의 휴양지에도 특별한 관심을 기울여 매우 적극적으로 산악지대를 개척하였던 것이다. 이때부터 이른바 '그랜드 투어(긴 여행)'라는 영국식 개념이 태동하였다고 할 수 있는데 이는 자기 계발을 완성할 목적으로 아직까지는 구주 대륙에

한정되었지만 대륙의 전 지역을 여행하는 것을 의미한다. 이른바 관광이라는 근대적 의미의 여행 개념이 생겨났다는 것을 알 수 있다. 예컨대 6개월에 걸쳐서 프랑스를 거쳐 로마에까지 이르는 긴 여정 따위의 것들이었다. 18세기 후반에 이르러서는 스위스의 산악 지대도 이 여정에 편입되기에 이르렀다.

19세기에 이르러 철도의 출현은 이러한 관광 개념의 여행이 확립되는 데 결정적인 계기를 제공한다. 여행객들을 유혹하는 기존의 관광지와 더불어서 철도가 지나는 도상 주변에 새로운 관광지들이 조성되기 시작한 것이다. 물론 증기선은 1830년대부터 1880년대까지 여전히 유행하였지만 철도의 발전이 관광지의 형성에 보다 밀접하게 작용했다. 사업상 시간의 절약이라는 의식이 벌써 사회 속에 자리잡아가고 있다는 것을 의미한다. 오늘날 관광과 여행을 포괄적으로 의미하는 '투어리스트(touriste)'라는 합성어가 19세기 영어에 최초로 등장하는 것도 우연이 아니다. 이는 전 세계적으로 여행의 개념 변화가 일반화되었음을 의미한다고 할 수 있다. 이때 이미 영국인들의 유럽 대륙 여행의 안내서인 존 머레이의 『여행편람』(1838), 카알 배르데커(Karl Baedecker)의 1829년 라인 강변의 여행안내 총서 격인 『라인란트 *Rhine Land*』 같은 여행안내책자가 등장하였고, 근대 관광산업의 아버지라 불리는 영국의 여행사무 대행업자 T. 쿡 목사는 처음으로 여행알선업체를 창설하여 단체 유람객을 모집하였다.

1912년의 타이타닉 호의 비극은 이 새로운 유행이 귀족들과 부르주아 계층에 확고하게 뿌리내렸음을 증명해준다. 1894년 프랑스인 피에르 드 쿠베르탱 남작의 주도로 결성된 국제 올림픽 위원회도 여행의 대중화에 일정 부분 기여하게 된다. 제1차세계대전 후에는 종래의 수용적인 면만 고려했던 수동적 입장에서 관광산업은 무형의 수출(invisible trade)이라는 능동적인 개념을 도입하면서부터 더욱 발전이 가속화되었다. 특히 제2차세계대전 후에는 세계 각국이 대전으로 인해 피폐된 자국의 경제부흥을 위한 방편의 하나로 관광사업의 효용성에 주목하게 되었다. 이와 함께 항공기의 발달 등 대량수송 조건이 갖추어진데다가 각국의 경제력도 회복되어 국민의 가처분소득 증대와 여가가 늘어났고, 매스 커뮤니케이션도 발달하여 모든 사람들에게 미지의 세계를 가르쳐주었다. 도시화와 기계화로 인한 인간상실, 공해와 소음의 심화는 인간의 도피 욕구를 자극시키는 등 대중관광 시대를 초래하였으며 앞으로는 관광의 국민 후생적 효과로 인한 사회관광의 발달로 세계관광은 더욱 질적인 발전과 양적인 확대를 거듭할 것이다.

무엇 때문에 떠나는가

도피의 여행

우리는 세계 일주를 하기에 앞서 우리들 자신의 (내면의) 일주는 어떻겠느냐고 점잖은 도덕적 교훈을 남긴 디드로의 문장을 기억한다. 굳이 시간과 정력을 소진하는 지리적 이동을 통해서 기분 전환을 모색하는 것보다는 조용히 따사로운 햇살아래서 관조의 시간을 더 선호할지도 모른다. 그러나 우리 모두는 디드로처럼 뜰 앞에 한 잔의 차를 앞에 두고 조용히 앉아서, 혹은 정오의 미풍 속에서 가벼운 산책을 하면서 세상의 저편을 상상하는 행운을 갖지 못했다. 아니 우리들 대부분은 생각하기에 앞서 우선 행동하는 습성이 있는지도 모른다. 그래서 어제도 그랬고 오늘도 그랬고 또 여지없이 내일도 그러하듯이 그토록 많은 사람들이 우선은 떠나는 것인가? 한마디로 말하기 어렵다. 도대체 무엇 때문인가? 폴 모랑은 여행의 동기를 이렇게 말한 적이 있다.

> 이 끊임없는 이동, 자기도 모르게 이끌려 들어가는 이동에는 하나의 심각한 이유가 있다. 이렇게 말해보자. 근대적 의미에 있어서 여행이란 개인의 방어 본능에서 나온 반응으로서 반사회적 행동이다. 여행자란 굴복하기를 거부하는 자이다. 국가나 가정, 결혼, 세금, 감독과, 무차별 폭력, 벌금, 그리고 국가적 터부로부터 도망가려는 것이 문제인 것이다. 슬로건이 도피였던 위그노파의 반응과 유사한 것을 인정할 수 있다. 피난, 도망, 여행, 자유, 월경 이 모든 것들은 서로 상통하는 데가 있다. 말하자면 자신이 있는 곳으로부터 멀리 떨어진.
>
> 폴 모랑(Paul Morand), 『여행』, p.12.

공간을 가로질러 간다는 것은 '지금 여기에서' 살아가는 어려움을 말하는 것이다. 자신이 태어나서 자란 곳을 떠난다는 것은 우선 먼저 잊고 싶은 것이 있다는 것을 의미한다. 여행자들의 사전에서는 '저 먼 곳'이라는 단어는 이국(異國)이라는 단어와 동의어이다. 이 점에 있어서 우리는 19세기 말의 시대적 징후를 확인하곤 한다. '불만'이 그것이다. 프랑스 문학사의 경우만을 놓고 보더라도 얼마나 많은 여행가들이 있었는가! 불레즈 상드라르, 폴 클로델, 쥘르 쉬페르비엘르, 폴 세갈렌, 생-존 페르스 등등…… 모두가 하나같이 결코 지치지 않는 여행가들이 아니었던가. 여행이라는 것은 비록 순간적이고 한시적이라 할지라도 떠나는 그 순간 자신이 처한 상황과 조건을 잊게 함으로써 도피해야만 하는 절실한 필요성에 쉽게 부응한다. 즐거움과 동시에 하나의 충동으로서 여행은 도망의 욕구를 확실하게 충족시켜준다. 이것은 벌써 오래 전에 끊임없이 떠나고 심지어는 특별한 희망을 품고서 떠난 것은 아니라 할지라도 우리들의 가슴 속 깊은 곳에 고갈되지 않은 저먼 곳을 찾아 떠나는 사람들에게는 하나의 신화가 되어버린 것이다.

대개의 경우, 모든 사람들이 여행을 떠나는 배경에는 본인이 인정하든 인정하지 않든 여기에서 살아가는 어려움이 자리잡고 있는 것이다. 자신은 결코 불만을 모르는 행복한 사람이라고 자신 있게 말할 수 있는 자가 우리 중에 과연 몇이나 되겠는가. 우리 모두는 어떤 의미에서는 불만족의 존재인 셈이다. 때로는 우리가 살아가고 있는 지금 여기, 우리의 문화, 부모, 형제, 친구, 나라, 심지어 우리의 육체까지도, 간단하게 말하면 모든 주변 여건과 환경을 증오와 구토와 환멸의 대상이라고 느끼지 않는가. 다만 조건과 상황이 허락하지 않아서 망설이고 기다리는 것일 뿐 자신을 둘러싸고 있는 모든 것을 거부하는 것은 하나의 내적 본능의 욕구와도 같은 것이다. 어느 시대를 막론하고 본질적으로 만족을 모르고 살아가는 것이 인간의 본능이다. 더욱이 불만의 요소가 나날이 가중되어가는 현대를 사는 우리들로서는 정도의 차이는 있을지라도 떠나버리고 싶은 욕망이 습관적인 충동처럼 우리들의 의식 속에서 움터오는 것을 어찌 하지 못한다.

분명히 여행의 여러 가지 모티프 중에서도 도피해버리고 싶은 충동이야말로 여행의 가장 원초적이고 주요한 동기임에 틀림이 없다. 여행은 도망가고 싶고 도망가야만 하는 간절하고도 절실하고 실제적이며 또 즉각적으로 만족시키지 않으면 아니 되는 필요성에 실질적이며 효과적으로 화답하는 것이다. 비단 여행을 떠나지 않는다 해도 이러한 필요성에 부응할 수 있는 방법은 있다. 예컨대 상상 속에서, 혹은 가상의 글을 쓰거나 꿈속의 그림을 그리면서 엘도라도로의 도망을 꿈꿀 수 있다. 그러나 이는 본질적으로 정신적인 작업이다. 이에 반하여 여행이란 정신적이면서도 동시에 육체적인 활동이라는 점에서 보다 효과적인 수단이 된다고 할 수 있다.

이처럼 지리적인 이동으로서의 여행은 즉각적이고 직접적인 하나의 활동으로서 여행자를 단숨에 하나의 공간 밖으로 내던져버린다. 그럼으로써 상상 속에서는 반드시 거쳐야만 하는 심리적 과정, 예컨대 환상의 세계를 찾아가기 위해서 미리 준비해야만 하는 어떤 복잡한 심리적 절차 없이도 우리를 여기가 아닌 다른 하나의 외부 세계로 던져버리는 셈이다. 바로 여기에 상상력과는 다른, 여행만이 갖는 매력이 숨어 있는 셈이다.

　게다가 우리는 죽음을 생각하기에 앞서 살고자 하는 습성이 있고 생각하기에 앞서 행동하는 습성이 있다. 또한 육체의 반항이 정신의 반항에 앞선다. 지리상의 이동이란 무엇보다도 강압적인 위협에 직면해 있는, 한 존재가 취할 수 있는 하나의 반응이며 행동인 것이다. 그래서 우리는 때론 기약 없이도 떠나는 것인지도 모른다.

떠남 그리고 재탄생

　물론 도망가고 싶은 욕망은 압박을 느끼며 살아가는 우리들 대부분이 필연적으로 경험하는 것이지만 단지 도망가고 싶은 욕망 때문에 떠나는 것은 아닐 것이다. 클로드 레비-스트로스는 『슬픈 열대』[2]에서 이렇게 말하고 있다.

> 　일반적으로 여행을 공간상의 이동으로 인식한다. 그러나 그것으로 충분하지는 않다. 여행이란 공간적·시간적 그리고 사회 계층적 층위에서 이루어지는 이동인 것이다. 우리가 여행에서 느끼는 인상이라는 것은 이 세 축과의 관련 속에서만 의미를 갖는 것이다.
> 　여행은 비단 수천 킬로미터를 이동한다는 것뿐만이 아니라 우리들 각자의 위상을 각인하고 끌어내리기도 한다. 단지 시간과 공간상의 이동을 의미하는 것에 그치지 않고─좋

은 경우이건 나쁜 경우이건 간에 – 자신의 사회적 위상을 격화시키는 것이기도 하다. 새로운 장소에서 느끼는 색채와 향기는 여행으로 인해서 우리가 잠깐만 맛보도록 허용된 새로운 위상과 분리될 수가 없는 것이다.

우리는 본질적으로 자기중심적일 수밖에 없다. 모든 문화, 모든 대륙은 거기에 속한 구성원들에게 영향을 미치는 고유의 장을 소유하고 있다. 우리가 우리 문화라고 할 때 그것은 곧 그 문화가 우리에게 어떤 굴레를 씌우고 있다는 것을 감내한다는 것을 의미한다. 때로는 이것이 견딜 수 없는 한계와 자유로운 비상을 방해하는 제약으로 인식될 때가 있으며 그 순간 이 아름다운 나의 조국 금수강산을 떠나버리고 싶은 충동을 느끼기도 하는 것이다. 이런 경우, 여행이란 무엇을 채우는 것이 아니라 우선은 무엇인가를 비워내려는 것이다. 텅 비워버린다는 것, 그것은 공허가 아니라 자유로운 도약을 위해서 우리들의 정신을 가처분이 가능한 상태로 유지하려는 바람이다.

그러므로 혐오스러운 도시와 사람들로부터 도망쳐서 어쩌다가 운이 좋다면 산뜻한 이국의 풍경이 가져다주는 기분 전환의 일주를 기도한다는 단순한 목적만이 여행의 전부가 아니라고 말할 수 있다. 살아가면서 부딪치는 삶의 추락의 원인이 되는 습관과 소속감과 집착을 완전히 떨쳐내 버리기를 바라는, 한 존재의 절망적이고도 진지한 몸짓인 것이다. 국경을 통과해서 끝없는 편력 속에 자신을 맡기고 싶은 충동의 근저에는 이렇듯 언제나 자신을 버리고 다시 새로워지려는 주기적인 욕구가 자리잡고 있는 것이다. 고정된 하나의 세계에 소속되지 아니한 자만이 자신의 존재를 진정으로 이해할 수 있다. 이런 이들에게는 모든 출발이 자신이 속해 있다고 믿는 대륙과 문화를 상실하는 것과 다르지 않으며 그런 의미에서 자신의 에고(ego) 자체의 소멸을 의미하기도 한다. 이런 이유로 떠난다는 것은 언제나 하나의 조그만 죽음과 동의어일 수가 있다. 어쩌면 죽음이라는 것이 영원한 출발이 아니겠는가! 이 같은 맥락 속에서 여행이란 자신이 지금까지 쌓아왔던 것들을 산산조각으로 부숴버리는 것이기도 하다.

그런데 만일 출발이 언제나 하나의 조그만 죽음에 해당된다면 그 출발은 또한 재탄생이라는 귀환을 예고하고 있어야만 한다. 자신을 비워버리려는 여행은 그 자체로서 더욱 풍요롭게 소생한다는 거대한 희망을 감추고 있는 것이다. 혹한을 무릅쓰고 히말라야의 산악을 오르거나 습기와 더위에 싸우며 아마존의 밀림을 헤매는 여행자가 단지 자아의 상실을 경험해보고 싶어서 그토록 힘든 육체적 고행을 감행하는 것은 아닐 것이다. 거기에는 이제는 더 이상 방황하지 말고 진정한 자아로서 자신의 인생을 살아갈 수 있는 새로운 인간으로 다시 태어나고픈 소박한, 그러나 달성하기는 지극히 어려운 소망이 실려 있는 것이다. 오로지 도망가버리고 싶다거나 혹은 자아를 상실해보고 싶어서 떠나는 여행이라면 그것은 희망이 없고 그저 끊임없이 떠나야만 하는 고달픈 방황에 불과한 것이다. 지리상의 이동이라는 것은 단지 육체적 모험을 의미하는 것만이 아니라 이 또한 정신의 지적 모험을 의미한다는 것을 기억할 필요가 있다. 그런 까닭에 매순간 맞이하는 작은 죽음은 언제나 다시 새로워지는 재탄생이 될 수 있는 것이다.

무엇인가 기발한 아이디어를 필요로 하는데 생각은 언제나 제자리를 맴돌고 있을 때, 혹은 이 정도는 아니라 할지라도 복잡한 일상 속에서 어제나 오늘이나 같은 곳, 같은 집착으로부터 벗어나지 못하는 자신을 발견할 때, 한번쯤은 자신이 살고 있는 장소나 상황을 떠나는 것도 생각해볼 일이다. 새로운 어떤 곳을 방문한다면, 비록 그곳이 도시의 다른 지역이라 하더라도, 그 경험만으로도 새로운 생각이 종종 떠오른다. 클라이브 싱클레어는 홍콩에서 런던으로 가는 비행기 안에서 새로운 오토바이에 대한 생각을 떠올렸다. "생각이 난데없이 나타난 것 같았어요"라고 그는 회상한 적이 있다. 그렇다! 때로는 여행할 때 다른 곳으로 이사할 때, 혹은 방을 바꿀 때 세계는 더 생생하게 다가오며, 스스로 새로운 성찰력을 얻고 독창적인 아이디어를 생각해내는 자신을 발견하게 될지도 모르는 일이다.

설혹 여기에까지 이르지는 못한다 해도, 무엇 때문에 언제나 그곳, 그 자리에 입술을 굳게 다물고 눈을 부라리며 머물러 있어야 한다는 말인가. 여기와는 다른 것을 바라보고 또 만나고 싶지 않은가. 그래서 저 멀리, 가능하다면 세상 끝까지라도 가보고 싶다. 다른 것과 내것을 비교해본다는 것, 다른 사람과 나를 비교해본다는 것은 곧 내것과 나를 더욱 확고하게 한다는 것을 의미한다. 여행이란 단순하게 말하자면 세계의 다양성과 마주하는 것이다. 여행을 떠나고자 하는 사람들의 마음속에서는 정치적 의미의 국경이란 존재하지 않는 법이다. 단지 넘어야 할 마음속의 국경만 있을 뿐이다. 이렇듯 여행을 떠나는 자들의 마음속에는 도망치고자 하는 욕구 말고도 자기를 상실하고 세계를 이해하고자 하는 욕구가 자리잡고 있는 것이다. 그러므로 모든 여행은 또한 자기 수련의 여행이기도 한 것이다. 이것이 바로 여행이 필연적으로 다양한 색깔과 양상을 갖는 이유이기도 하다. 모든 사람들의 여행에는 그들을 떠나게 만드는 복잡한 이유가 숨어 있는 것이다.

어떻게 여행할 것인가

한 발짝 두 발짝 혹은 느리게

바캉스 철이 되면 세상은 이른바 관광 명소를 찾아 이곳에서 저곳으로 달려가는 사람들로 넘쳐난다. 여행을 해본 경험이 있는 사람들이라면 이런 광경을 기억하고 있을 것이다. 물론 정해진 시간 내에 가능한 한 많은 것을 보고자 하는 욕구 때문이리라. 단지 어느 곳을 가보았노라고 말하기 위한 것이라면 그것만으로도 좋다. 세상에는 이름만 들어도 누구나 알 수 있는 곳이 넘쳐난다. 베니스, 나폴리, 밀라노, 로마, 제노바, 모나코, 니스, 칸느, 마르세유, 바르셀로나, 안달루시아, 마드리드, 리스본, 코르도바, 런던, 파리, 하이델베르크, 프랑크푸

르트, 베를린, 아테네, 이스탄불, 모로코, 카사블랑카……. 그저 시간을 채우기 위함이라면 이보다 좋은 방법이 어디 있겠는가.

그러나 이러한 방법이 진정으로 자기 자신을 위한 여행의 목적이 된다면 나는 이해할 수가 없다. 말을 달리면서 세상을 바라보면 세상은 모두 똑같아 보인다. 서울의 폭우나 파리의 폭우도 비는 비인 것이다. 이렇듯 5단 기어를 넣고 세상을 가로질러 가는 여행이라면 그 여행을 시작할 때나 끝냈을 때에 아무런 감흥을 느끼지 못할 것이다. 다만 남들이 아직 가보지 못한 곳을 적어도 자기는 스쳐 지나갔다는 약간은 흐릿한 흐뭇함과 극심한 피로만이 여행의 기억으로 남게 될 뿐이다.

어찌하겠는가. 유감스럽게도 이것이 오늘날 우리들이 겪게 되는 여행의 실상인 것이다. 이미 이런저런 경험을 가진 독자들은 누구나 이런 생각에 동의할 것이라 본다. 그러나 하나의 스펙터클의 진정한 풍요로움이란 그 세밀함에 있는 것이다. '본다'라는 것은 그 세밀함을 주파해간다는 것이다. 마주치는 대상 하나하나의 경이로움에 잠깐이나마 머물러 그 전체적인 의미를 되새겨보고 다시 출발하는 것이 될 것이다. 그런데 대부분의 사람들이 이와 같은 소중한 경험을 하지 못한다. 어떻게 그 많은 사람들이 한 곳을 잽싸게 둘러보고 또 다른 곳을 향해서 몰려갈 수 있는지 궁금할 뿐이다. 비록 정해진 시간의 제약을 받아서이기도 하겠지만 그래도 집안의 벽에 걸려진 그림을 보듯이 약간의 여유를 낼 수는 없는 것인가. 여행객이란

축구 경기의 티켓을 사서 운동장 안으로 달려들어가는 구경꾼
이 된다는 뜻은 아닐 것이다.

　여행한다는 것은 한 발짝 혹은 두 발짝 느리게 움직이는 것
이며 때로는 잠시 멈추어 서서 똑같은 사물일지라도 그것이
지닌 새로운 양상을 물끄러미 주시하는 것이 될 것이다. 가끔
씩은 앉아보기도 하고 좌우로 어슬렁거려보기도 할 것이다.
모든 것이 새롭게 보일 것이다. 수 킬로미터, 운이 좋다면 수
십 킬로미터를 걸을 수만 있다면 더욱 좋을 것이다. 무심히 바
라볼 때 파리의 거리에서 베네치아의 곤돌라 위에서 혹은 서
울의 인사동 골목에서 우리가 바라보는 폭우는 언제나 같은
폭우일 것이다. 그러나 우리가 여행 중 목격하는 폭우는 전혀
다른 것이 된다. 세심한 눈길과 호기심이 차이를 발견하게 한
다. 파리의 지하철 역 입구에서 비닐봉지를 간이 우비로 삼아
머리만 살짝 가린 채로 지하철 역 입구 난간에 매달려 비가
그치기를 기다리는 아주머니들과 함께 맞는 폭우, 코르도바의
투우 경기장에서 거친 그러나 이미 죽음을 예감하는 듯한 황
소가 투우사의 마지막 은총의 일격을 갈구하는 양 등을 구부
리며 발로 땅을 후벼 파려는데 갑자기 폭우가 밀려와 관중들
의 아우성으로 가득 채워진 투우장에서 바라보는 폭우, 혹은
인터라켄의 야영지에서 폭우가 쏟아지기 시작하자 모여 나와
웅성거리는 여행객들 틈새에서 바라보는 폭우는 언제나 새로
운 모습이다. 이렇듯 이미 익숙해져 있는 풍경과 사건일지라
도 여행 중의 매 발걸음마다 항상 새로움이 가득한 경치들이

펼쳐지는 법이다. 이제는 따분한 관습에 잠들기가 권태롭게 느껴진다면 풍요롭고 다양한 광경들을 선택하는 문제만이 남게 될 것이다.

조금씩 나를 비우기

여행이 성숙한 자아의 형성에 도움이 되리라는 점에는 의심의 여지가 없다. 그렇다면 도대체 몇 살 정도면 여행이 가능한가? 한마디로 답하기가 쉽지 않다. 사람마다 추론과 사고의 정도가 일정하지 않는 까닭이다. 그러나 일반적으로 생각할 때, 판단력이 형성되고 머리 속에는 그 여행에 필요한 최소한의 지식이 축적되어 있는 나이가 되어야만 보다 효과적인 여행을 즐길 수 있을 것이다. 이 두 가지 조건이 충족되지 아니한다면 그 여행에서 별다른 것을 기대하기가 힘들 것이다. 기껏해야 수많은 실수와 잘못 해석한 악습 같은 것만을 흉내내기 위해 값비싼 비용을 치른 격이 될 뿐이다.

적당한 수학적 추론 능력, 산수, 기하학, 기계학, 물리, 자연사, 화학, 회화, 기하학, 조금 더 바란다면 천문학에까지 이르는 기본 지식이 축적되어 있는 상태라면 더할 나위가 없을 것이다. 이른바 적당한 안내자 없이 혼자서 하는 배낭여행의 경우라면 스무 살 정도의 나이는 되어야 무엇인가를 남기는 여행이 될 것 같다. 최소한 자기 조국의 역사와 지리에 대해서는 어느 정도의 개략은 파악하고 있어야 할 것이다. 여행하는 길

목마다 마주치는 동행자들이 자신에게 조국에 관해서도 물을 수도 있는 일이고 그때마다 대답하지 못한다면 조금은 부끄럽지 않겠는가. 게다가 인간은 본질적으로 자기중심적이다. 타인의 것을 제대로 이해하기 위해서는 우선은 기준이 되는 자기의 것에 대한 기본적인 통찰의 틀이 완성되어 있어야 하는 법이다. 예컨대 자기 나라 말도 못하면서 남의 나라의 언어를 배우려는 꼴이 얼마나 우스꽝스럽게 보일지를 생각해볼 일이다.

방문하고자 하는 나라의 언어에 대한 깊은 지식까지를 바라는 것은 무리일 것이다. 하지만 전혀 모르는 것보다는 몇 마디 단어만이라도 알아들을 수 있다면 그 또한 심리적 부담감을 줄일 수 있어 다행일 것이다. 무엇보다 중요한 것은 떠나기 전에 방문지에 관해서 가능한 한 많은 정보를 수집하라고 권하고 싶다. 지리적 지표뿐만 아니라 그 고장 사람들의 특성 따위에 대한 기사라도 읽은 적이 있다면 여행 중에 이것을 확인해볼 수 있을 것이다. 이것이 여행에 커다란 도움이 되는 것은 물론이거니와 그 여행을 보다 생산적으로 만들 것이라는 데에는 이론의 여지가 없을 것이다. 가능하다면 알고자 하는 나라의 사회와 문화에 대해서 잘 알고 있는 사람과 대화를 나누는 것도 여행을 더욱 풍요롭게 할 것이다. 만일 당신이 오를레앙의 민박집에서 혹은 런던 소호의 하숙집에서 주인아저씨와 반나절의 대화를 나눌 수만 있다면 어느 때고 발생할 개연성이 있는 실수를 피할 수 있을 것이며 또 그 반나절이 엄청난 양의 시간을 절약해줄 것이다.

특이한 경우를 제외한다면 거의 여행에는 자기 수련의 의미가 담겨 있으며, 이때 자기 수련이라 함은 필연적으로 어느 정도의 고행을 의미한다. 중세 때의 성지 순례가 지역과 종교의 차원을 초월하여 세계의 모든 지역에서 일반인들이 접근할 수 있었던 가장 보편적인 여행의 한 형태였다는 것은 결코 우연이 아니다. 메카와 예루살렘, 로마는 오늘날에도 수많은 순례자들로 넘쳐나고 있다. 그런데 이 순례의 편력은 자신과 창조주와의 어떤 교환관계를 설정하는 하나의 요술적 믿음에 근거한다. 즉, 기원을 한다는 것은 어떤 은총을 받기 위하여 이동함으로써 그 외의 다른 모든 것을 희생할 수 있다는 것을 함축하는 것이다. 물론 순례자들이 바라는 은총이란 평범한 것은 아니다. 그들이 바라는 은총 중에서 가장 고귀한 위치를 차지하는 것은 아마도 행복과 영원한 삶에 대한 것이리라. 종교에 관계없이 경건하게 순례를 마친 독실한 신자에게는 이 은총은 자동적으로 부여된다. 왜냐하면 인간사에 있어서 영생불사란 존재하지 않는 것이지만 신의 곁에서는 가능한 것이기 때문이다. 순례자들이 바라는 두 번째 은총은 평화롭게 늙어가면서 부드러운 죽음을 맞게 되는 것이다. 달리 말하자면, 자연과 조화를 이루면서 안락하게 살아갈 수 있는 건강을 바라는 것이리라. 이를 위해서 그들은 교황 앞에 무릎을 꿇고 그의 발에 입 맞추거나 혹은 기적이 일어났다는 조각상이나 유물 앞에 기꺼이 머리를 조아린다. 어느 경우에나 가장 비천한 자세를 취하는 것조차 마다하지 않는 완전한 자기의 상실을 고

인도 캐시미르의 달 호수 지역의 순례 행렬.

행의 수단으로 삼는 것이다.

　그러나 모든 여행자들이 순례의 고행을 떠나듯이 여행을 떠나는 것이 아니니 고독한 구도자의 자세로 여행할 것을 요구하는 것은 무리일 것이다. 그렇다 하더라도 앞에서도 언급했듯이 여행이란 떠나는 것이며, 떠난다는 것은 우선 먼저 나와 내것을 잊는다는 것이며, 잊는다는 것은 마음속에 익숙해져 있는 습관과 고정관념을 비운다는 뜻일 것이다. 그러나 이것을 실제로 실행하는 것은 쉽지 않다. 그래서 우리는 타국에서 언제나 영원한 이방인인 셈이다. 왜냐면 자기 것을 완전히 버리지 못하는 이상 새로운 사물과 현상들을 객관적으로 냉정하게 바라보는 것을 방해하기 때문이다. 가능한 한 이 자기중심적 사고를 억제할 필요가 있다. 너무 과도하게 자기를 내세우게 되면 지나치게 고집스럽게 비칠 염려가 있고 또한 정확한 판단을 그르칠 위험성이 있다. 예컨대 로마의 식당에서 식사를 하면서 김치찌개와 고추장이 없다고 그 식당이 형편없다고 주장하는 것이 얼마나 사리에 맞지 않는가를 생각해보자.

조금 과도한 예라고 반박할 독자들이 있을 것이다. 그렇다. 이는 이해의 편의를 위한 약간은 자극적인 예일 뿐이다. 그러나 생각해보라. 우리가 여행하면서 얼마나 자주 '우리나라 같으면 이런 경우는 없을 것인데.'라고 불평을 늘어놓는가를……. 정도의 차이일 뿐이다. 요지는 나와 내것을 잊어버리라는 뜻이 아니다. 단지 잠시 동안만이라도 나와 내것을 머리 속에서 떨쳐 내보내자는 뜻이다.

소유와 존재

여행자들이 생각해보아야 할 정신 자세로서 특히 여행객들이 저지르기 쉬운 실수 중의 하나를 언급해보자. 우리는 미국의 정신분석학자, 사회 심리학자인 에리히 프롬을 알고 있다. 그가 1976년에 출간한 저서 『소유냐 존재냐』는 아마도 제목 정도는 들어보았을 것이며 그가 책 속에서 현대 산업사회의 근본적인 문제가 바로 소유에 집착하는 삶의 방식에 있다고 주장한 것도 어쩌면 기억하리라 믿는다. 생산적인 여행의 조건에 대해서 언급하면서 새삼스레 프롬을 이야기하는 것은 그가 말하는 현대사회의 철학적 성찰이나 분석을 음미해보자는 것이 아니다. 다만 여행에 관해서도 우리는 그가 말하는 소유형과 존재형이 있을 수 있다는 것을 새겨보려는 것이다.

남들이 가지 않은 곳, 혹은 유명 관광지를 나도 빠지지 않고 다녀왔다는 안도감, 혹은 자부심으로 어깨를 으쓱한다면 혹시나 여행을 소유쯤으로 생각하는 것이 아닌지 의심해볼 일이다. 파리의 루브르 박물관의 경우 매년 400만에 가까운 방문객이 찾아온다. 그 방문객의 대부분이 봄·여름 바캉스 철에 집중되어 있어서 사실 방문이 그토록 유쾌한 환경 속에서 이루어지기가 쉽지 않다. 입장권을 사는 데에도 한참을 기다려야 할 정도다. 여름 휴가철에 파리를 방문한 경험이 있는 사람이라면 피라미드 앞에 구불구불 줄지어 서 있는 행렬을 기억하고 있을 것이다. 운이 좋아 쉽게 입장했다고 해도 내부에 북적이는 인파를 헤치고 보고 싶었던 것들을 한가로이 감상할 여유를 부리기가 여간 어렵지 않다. 이런 상황에서 조용히 옛 선인들의 족적을 더듬거나 역사의 향기를 음미해보라는 것은 어쩌면 사치에 가까울지도 모른다. 그래서인지 시간에 쫓기는 단체 여행자 중에는 그냥 피라미드 앞에서 사진이나 한 장 찍고 돌아가자고 하는 사람들도 많고 또 실제도 그러하다. 그렇게 찍은 기념사진이 자기도 그 여행에 빠지지 않고 다녀왔다는 사실을 보다 확실하게 해줄 증거물 1호가 될 수는 있을 것이다. 또한 세계 여행 같은 것은 어렵지 않게 할 수 있다는 중산층의 속물주의적 안도감을 만족시켜줄지도 모른다. 물론 많이 가지면 행복할 수도 있을 것이고 많은 곳을 방문하면 더 만족감을 얻을지도 모른다. 그런데 많이 가지고 많은 곳을 방문해보면 '반드시 더' 행복하고 더 만족스러운 것인가. 때론 물질적인 풍요로움이란 연기처럼 언제 사라질지 모르는 신기루일 뿐이다.

프롬은 인류의 역사를 돌이켜볼 때 소유란 매우 하급적 개념이라고 말한다. 즉, 소유란 서구 산업사회의 특수한 생존 방식일 뿐, 예수나 석가 등 인류의 위대한 스승들은 하나같이 소유하지 않는 삶을 강조했다는 것이다. 높은 지위에 오른다 해도 그 지위를 언제 잃을지 알 수 없기에 늘 불안할 수밖에 없다. 따라서 높은 지위와 부를 소유한 사람 가운데, 힘들게 얻은 소유물과 지위를 지키려고 미친 듯이 일에만 몰두하는 일 중독자도 드물지 않다. 가족과 함께 하는 편안한 시간, 친구와 이야기를 나누며 술잔을 기울일 시간도 없다. 좀더 많은 곳을 방문하고 많이 갖기 위해, 가진 것을 지키기 위해 끊임없이 일할 뿐이다. 많이 소유할수록 여러 곳을 방문할수록 행복하고 만족스럽다면 결국 그 누구도 만족할 수 없다. 사람의 욕심에는 한이 없고 세계는 방문할 곳으로 넘쳐나기 때문이다.

프롬은 소유에 집착하는 삶의 방식에 반대되는 것으로, 존재를 중시하는 삶의 방식을 제안한다. 그러한 삶의 방식은 '소유하려고 갈망하기보다 즐겁게 자신의 재능을 생산적으로 사용하며 세계와 하나가 되도록 살아가는 것'이다. 이것을 여행에도 적용해야 할 것이다.

여행은 여가를 소비하는 것이며 이는 생활을 위해 소비하는 여타의 시간과 근본적으로 구별되지 않는다. 같은 시간일 뿐이다. 단지 차이가 있다면 생활을 위한 노동 시간은 경제적 반대급부를 가져다주는 반면 그 반대급부로 받은 대가를 소비하면서 감행하는 여행을 위해 투자하는 시간은 재충전과 자기

계발을 가져온다는 점이다. 여가라는 것도 삶의 한 부분이며 그런 의미에서 다른 여타의 생존 활동과 마찬가지로 여전히 삶의 필수적인 부분이다. 그대가 매일매일 수행해야만 하는 출퇴근이 그대의 인생의 중요한 부분인 것처럼 그 근면한 노동을 가능하게 한 여가로서의 여행도 인생이라는 여정을 밟아 가는 과정이며 그렇기 때문에 현재 진행 중인 삶의 과정인 것이다. 그 어느 것이나 삶의 소중한 경험이며 행로라는 점에서 근본적으로 차이가 없는 것이다.

만일 그대가 단지 월말에 월급봉투를 받기 위해서 한 달 동안 일해야 한다고 생각해보라. 달갑지 않더라도 꾹 참아가며 30일을 견디면 족히 생활하는 것이 그다지 문제가 되지는 않을 것이다. 그러나 삶의 노동이 생활을 위한 방편일 수만 있겠는가. 그 자체가 삶의 여정이며 삶의 서사인 것이다. 그렇지 않다면 단조로움과 노곤함을 견디어낼 수 없을 것이다. 삶의 노동이 그 자체로서 성취감을 충족시켜준다는 것은 그 자체가 삶의 대서사가 된다는 의미를 감추고 있기 때문이다. 여행도 마찬가지다. 단지 간섭이 없고 마감 시간이 없고 의무가 없다고 해서 본래의 의미가 퇴색되어서는 안 된다. 여행은 소유하는 것이 아닌 것이다.

루브르 박물관 앞에서 찍은 기념사진 한 장이, 혹은 사용한 코르도바 투우 경기 입장권 한 장이 그대의 생을 재충전해주거나 삶을 풍요롭게 해주지는 못할 것이다.

마지막으로 성급한 판단의 일반화의 오류에 대해서 말해보

자. 대개의 경우 여행객들이 목격하고 경험하는 것들은 본질적으로 특수한 경우에 해당하는 것이다. 그런데도 여행객들은 이 특수한 경우에 대한 고려가 없이 이를 성급하게 일반화 시켜버리는 오류를 범한다. 예컨대 프라하의 밤은 도둑들로 가득하고 브레멘 민박집 아주머니들은 모두가 다갈색 머리의 뚱보들뿐이다라고 말하는 것을 얼마나 자주 듣는가. 단체 관광으로 다른 나라를 여행하는 전형적인 관광객들을 생각해보자. 아마 공항은 붐비고 온갖 불유쾌한 것들이 최고조에 이르는 하이 시즌에 여행을 할 것이다. 그의 차터 비행기는 몇 시간쯤 연착할 수도 있을 것이다. 게다가 그가 만난 유일한 현지인은 관광객에 대한 봉사로서 그저 기뻐할 수만은 없는 과로한 웨이터와 호텔 종업원들뿐이다. 이런 상황에서 다른 문화에 대한 객관적 통찰력을 얻고서 집으로 돌아오기를 바란다는 건 무리한 요구일 뿐이다.

여행이란 그 동안 내적으로 축적된 정보와 지식과 통찰의 능력이 외부의 경험과 균형을 이루는 것이기도 하다. 되도록 많은 사물, 장소 그리고 사람들과 접하는 것이 효과적일 것이다. 예컨대 농장에 대해서 알기를 원한다면 농장에 대한 책을 읽기보다는 농장을 직접 방문하는 것이 효과적일 것이다. 소를 툭툭 가볍게 쳐볼 수도 있고 오리가 꽥꽥 우는 소리를 들을 수도, 푸른 건초의 향기를 직접 온 몸으로 느낄 수도 있을 것이다. 설혹 농장에 대한 선험적으로 축적된 지식이 없다 하더라도 나중에 이런 것들을 책에서 볼 때 이제 그 참된 의미를 알게 될 것이므로 흥미롭고 유익한 것이 될 것이다. 그러나 아쉬운 것은 여행은 언제나 시간의 제약을 받는다는 점이다. 원하는 모든 것을 무진장으로 볼 수 있는 것이 아니다. 따라서 심적으로 이런 여유가 가능하다면 외적으로 드러난 하나의 양상을 통해서 보이지 않는 심층을 추론해보는 통찰력을 발휘할 수 있기를 기대해본다.

여행에 대한 몇 가지 단상

여행이란 근대적 형태의 전쟁인가

이렇게 단언하는 것은 조금은 도전적으로 들릴 것이다. 또한 시대착오적이기도 할 것이다. 먼 고대 시대에나 여행이 전쟁의 한 형태였기 때문이다. 헤로도토스 같은 몇몇 예외적인 지식인의 경우를 제외하고는 상인 혹은 첩자로서 모두가 상업 혹은 무력에 의해서 다른 나라들을 종속시키려는 의도를 가지고 그 지역을 여행했던 것이다. 선교사들 역시 여행의 위대한 선구자들 사이에 그 이름을 등록하고 있는 바 이들도 신의 권능을 부과하기 위해서 미 선교 지역을 여행했던 것이며, 그 결과로 이들이 방문한 지역은 대개의 경우 전통적으로 섬기던

신들이 '새로운' 신으로 대치되었던 것이다. 후일 식민지 정책은 전사와 상인, 그리고 이른바 정신적인 것과 관련되는 학자 내지는 지식인들의 공격적이고 파괴적인 여행을 촉진시켰다. 여행을 더욱 수월하게 할 여러 가지 도구와 수단들도 자신의 세력 확장을 추구하는 국가나 집단의 의도에 의해서 날로 발전되었지만 지도는 오랫동안 국가의 기밀에 속하는 문서였다. 병사들을 이끌고 한 나라를 침략하는 데 유용한 도구였기 때문이다. 비스마르크 이후 독일이 유럽에서 군사적 주도권을 행사한 것은 부분적으로는 이 지리학의 발달로 설명되어질 수 있다. 나폴레옹 역시 지리학에 상당한 지식이 있었다. 그는 또한 매우 훌륭한 지리학자 팀을 소유했었다. 다만 그가 너무 자주 군대의 진행 방향이나 전쟁의 일정을 변경하곤 해서 학자들이 밤을 새워가며 작업을 해야 했기 때문에 사직을 해버리는 경우가 많았다고 한다.

역사적 맥락에서 볼 때 여행에 내포된 이 양상을 무시할 수는 없을 것이다. 그러나 오늘날의 여행자들은 기껏해야 인류학자 내지는 단순한 관광객으로서의 성격을 띠고 있다. 따라서 이들에게서 여행의 그 원초적 '죄악'의 흔적을 다시 추적하는 데에는 무리가 따를 것이다.

문제는 이것이다. 세력의 확대를 추구하려는 의도가 고대혹은 르네상스 이후의 시대까지도, 여행에 본질적인 목적이었는가 아니면 그 반대로 정치·지리적인 상황에 의해서 여행이 어쩔 수 없이 이루어진 것인가라는 점이다. 이것을 오늘날의 여행에 적용하여 달리 말해본다면, 언제나 정치·경제적으로 우월한 위치를 점유하고 있는 국가의 시민들이 상대적으로 지배를 당하는 지역을 여행한다는 점에서 21세기의 여행도 여전히 같은 방향에서 이루어지고 있다는 점을 인정하면서도 오늘날의 여행자들이 과연 옛날의 여행가들이 저질렀던 '죄'를 범하지 않고 여행할 수가 있겠는가라는 점이다.

분명히 여러 가지 측면에서 현재의 여행도 옛날의 식민지화를 의도한 여행이나 종교적 목적의 대이동과 마찬가지로 의도적이건 혹은 비의식적이건 파괴적인 면이 있다. 적어도 여행객들이 그들의 가방 속에 담아 가는 멸시와 탐욕과 경멸과 저속함에 있어서 해로운 것을 옮겨가는 점만은 부정할 수가 없을 것이다. 사실 이 주제는 여기에서처럼 가볍게 다룰 수 있는 문제가 아니라 조금은 망설여지는 이유로 몇 가지 질문을 제시하는 것으로 필자의 의도를 대신하고자 한다. 최악의 경우를 가장하지 않는다면, 앞서가는 문화를 소위 '야만적'이고 지체된 문화를 소유한 관광지에 모습을 드러내는 것만으로도 파괴와 혼동의 요인이 될 수 있다는 것인가? 특히 오늘날 여행의 실상이란 일반적으로 잠깐 머물렀다 사라지는 가을날의 잠자리의 행적과도 같은데도 말이다. 이로부터 관광객들의 섬세함과 선의의 호기심과 관용에도 불구하고 관광이란 받아들이는 쪽에서는 해롭고 파괴적인 것이라는 결론을 내릴 수 있는가라는 질문이다. 역시 망설임 없이 간단하게 대답할 수 있는 문제가 아니다. 특히 지난 역사와 현재의 실상을 보더라도

망설이지 않을 수 없다. 이미 잘 알려진 사실이지만 외부인들의 방문을 점잖게 사양하는 브라질 고지의 인디언 원주민 부락의 숫자가 점차로 많아져 가고 있다. 이것이 무엇을 의미하는지는 말할 필요도 없을 것이다. 그들에게는 이른바 앞선 문화에 속하는 여행자들이란 그들이 가진 선의의 의도에도 불구하고 스스로를 보호해야만 하는 '세균'과도 같은 것이다. 남아메리카의 원주민 부락의 실례가 우리에겐 너무 먼 세계의 일이라면 연방이 해체된 모스크바와 동구의 실상을 한번쯤은 생각해볼 일이다.

그러면 부유한 나라와 그렇지 못한 나라 사이에 '철의 장막'이라도 쳐야 한다는 말인가. 여행을 통한 문화의 교류가 언제나 긍정적인 방향으로 이루어지지는 않았던 것도 사실이지만 그렇다고 교류를 완전히 단절해버린다는 것도 인류를 위해서는 커다란 재앙이 될 것이다. 역사적으로 보더라도 존경받아 마땅한 선의의 여행자들이 있었다는 사실을 부정하지는 못한다. 또한 여행객의 증가는 세계적인 추세이며 이를 인위적으로 제어할 수단도 마땅치가 않다. 따라서 이 문제는 방문을 하거나 방문을 받아들이는 쌍방이 모두가 심각하게 생각해보아야 할 문제다.

주시하는 시선과 주시 당하는 시선

이방인의 시선은 언제나 만족스러운 것인가? 여행자란 근본적으로 무엇인가를 주시하고 관찰하여 그로부터 하나의 다른 세계에 대한 안목을 인식하는 자이다. 그런 의미에서 여행은 일종의 탐사와도 같은 것이다. 그런데 그가 주시하는 것이 오래된 돌무더기나 유물 덩어리만이 아니라면 그는 또한 그를 주시하는 시선과 만나게 되는 것이다. 여행자가 바라볼 줄을 알거나 아니면 전혀 바라볼 줄을 모르거나 주시하고 주시 당하는 이 관계는 언제든 역전될 수 있는 것이다. 무엇인가 혹은 누군가를 주시하는 여행자는 그를 주시하는 한 이방인 앞에 노출되어 있는 것이며 그 이방인의 시선은 그에게는 자신을 관조해볼 수 있는 거울이기도 하다. 자신이 바라보고 동시에 자신을 주시하는 한 이방인의 시선을 통하여 자신이 나의 세계가 아닌 타인의 세계에 던진 충격을 인지하는 것이다. 물론 이것이 항시 유쾌한 일인 것만은 아니다.

프랑크푸르트의 한 호텔에서 겪은 일이다. 바캉스 철이라 호텔을 구하지 못해서 어쩔 수 없이 한국인 단체 관광객과 배낭여행객들이 많이 이용하는 호텔에 묵었다. 아침을 먹는데 식당 입구에 한국말로 "빵 가져가지 마세요."라고 쓰여 있는 안내문을 보고 한참을 웃은 적이 있다. 유럽식 아침식사는 미국식과는 달라서 양이 그렇게 많지 않다. 그러나 우리는 아침을 든든히 먹어야 한다고 생각하는 사람들이 대다수인 셈이다. 게다가 한여름의 반나절은 긴 시간이고 이리저리 구경하느라 걸어 다니다보면 배가 고프기도 할 것이다. 이런 경우엔 유럽인들은 미리 준비해온 간식을 먹거나 아니면 길거리에서 간단한 것으로 요기를 한다. 이들에게는 식당에 있는 아침은 아침을 위한 것이지 그날 오후를 위한 것이 아닌 것이다.

이것은 아마 문화의 차이로 요약될 수도 있으리라. 그러나 자신의 문화라는 미명아래 식당에 쌓여 있는 아침용 빵을 메뚜기 떼가 지나가는 것처럼 깡그리 배낭에 담아 가버리면 미처 그런 경우를 예상하지 못했던 식당 측에서는 황당한 일이 아닐 수 없을 것이다. 아침용 빵을 굽는 데에는 최소한 몇 시간이 소요되어야 한다. 그렇다면 그 다음날 아침 웨이터들의 시선이 그렇게 호의적이지만은 아닐 것이라는 것도 감수해야 할 것이다.

요지는 다른 사람의 시선에 굴복하라는 이야기가 아니라 언제나 교환할 준비가 되어 있는 시선을 유지하라는 것이다. 이것은 마치 무역과도 같다. 바라보는 시선이 호의적이면 주시 당하는 시선도 호의적이고 유쾌한 것이 될 것이다. 감히 말한다면, 유쾌한 여행이란 이런 정도일 것이다. 상호 교환되는 시선 속에 서로의 호의가 느껴지는 그런 교환만이 양쪽을 모두 풍요롭게 할 것이다.

이런 의미에서 카메라의 시선은 어떤 것일까? 조금 가혹한 평가일지 모르겠지만 카메라란 여행객의 시선이 비인격화된 것이라 볼 수 있을 것이다. 단지 한 이방인의 시선으로서 자신의 존재를 드러내지 않는 무관심한 시선인 셈이다. 만일 그의 카메라가 무엇인가를 혹은 누군가를 포착하는 데 성공한다 할지라도 그것은 한 냉혹한 침략자의 이미지만을 부각시킬 뿐이

다. 인도의 아그라 지방의 야무나 강가에서 혹은 아프리카
소말리아에서 비참한 일상에 찌든 사람들을 카메라에 담은
경험이 있다면 누구나 "당신은 우리들의 비참한 고통을 바라
보는 것이 부끄럽지도 않느냐?"라는 공격적인 역습이 느껴지
리라 생각된다. 그리고 실제로 그렇다. 그런 광경을 목격하는
것이 뭐가 그렇게 자랑스럽겠는가. 기분이 우울한 것도 사실
이다.

　이렇게 극단적인 경우까지를 언급하지 않더라도 이방인의
시선을 감내한다는 것은 언제나 자발적일 수만은 없다. 그것
은 항시 의지를 필요로 하며 교환을 전제로 하는 것이다. 왜냐
면 이 시선은 언제나 평정을 깨뜨리는 것이기 때문이다. 요컨
대 좋은 여행자가 갖추어야 할 요건 중에는 타인과 타인의 것
에 대한 최소한의 존중과 연민인 것이다. 그런 요건을 갖춘 여
행자만이 문화의 교류가 가져다주는 풍요로움을 진정으로 만
끽할 수 있을 것이며 그런 경우에만 자신을 바라보는 타인의
시선도 유쾌하게 느낄 수 있을 것이다.

참여와 배제 — 여행은 여성 해방의 지표인가

서구의 역사를 보더라도 여성은 자유로운 여행을 위해서 투쟁해왔다는 것을 알 수 있다. 분명히 예전에는 남성에게나 여성에게나 모두 여행이 어려웠던 시대가 있었다. 오늘날도 여행은 여전히 누구나 쉽게 접근할 수 있는 것은 아니다. 상대적으로 사회·문화적 여건이 진보했다는 서구에 있어서도 여행을 하는 데에는 여러 가지 제약이 뒤따른다. 시간, 연령, 건강상의 제약, 경제적 수입과 숙박 시설의 제약 등등.

그러나 이런 것들은 비단 여성에게만 해당되는 제약이 아니다. 이 외에도 특히 여성에게만 불리한 여러 가지 제약들이 있었던 바, 특히 사회적 제약을 들 수 있다. 예컨대 프랑스만 보더라도 예전에는 여성이 법률적으로 자유롭게 여행할 권리를 박탈당했다. 여권 신청 시 남편의 허가를 필요로 했던 것이다. 여성은 사회적으로 심리적 질서의 유지라는 제약을 안고 있었던 것이다. 여성 자신이 갖고 있던 사회적 표상의 전면에는 이른바 사회학자들이 '보살핌의 윤리'라고 부르는, 즉 우선 가정을 돌보아야 한다는 공통된 의식이 자리잡고 있었기 때문이다. 이 윤리는 여성이 떠맡아야 했던 가족과 친지들에 대해 영원히 봉사해야 한다는 책임 의식에 근거한 것이다. 그리고 이 의식이 여행에로의 출발을 어렵게 만들었던 것은 의심의 여지가 없다. 왜냐면 이런 상황에서 출발한다는 것은 윤리에 거스른다는 자책감 내지는 죄의식을 내포하는 것이기 때문이다.[3] 그러나 서구에서는 우리의 용감한 여성들은 어느 시대 어느 지역을 막론하고 예외를 만들기 위해서, 가정 안이라는 한계를 과감하게 무너뜨리고 이른바 '바깥 세계'에 의도적으로 맞서는 의지를 발휘해왔던 것이다. 이를 위해서 여성들은 시대와 지역에 따라서, 특히 그 여행 동기의 제 양상에 따라 다양한 형태의 여행자가 되었던 것이다.

비록 소수이긴 하였지만 여성의 출발을 고무시킨 시대도 있었다. 르네상스 시대에는 신격에 대항하는 개념으로서의 인격이 중시되는 시대였으며 여기에는 여성 인격의 개화도 포함되었다. 17세기와 18세기에는 여성의 위상과 교육이 토론과 논쟁과 갈등의 대상이었으며 이로부터 상당한 진보가 있었던 것도 역사적 사실이다. 그러나 여성이 자유롭게 여행할 수 있는 권리를 획득하기까지는 19세기의 도래를 기다려야만 했다.

실제로 여성들은 여성의 사법적 지위의 향상과 교육 환경의 개선이 주부라는 여성에 대한 근본적인 이념상의 변화를 가져오는 이른바 여성 해방을 맞이하게 되었고, 이것이 결과적으로 여행의 자유를 가져왔던 것이다. 여기에다가 지리학상의 새로운 발견, 산업 문명에 의한 서구의 융성, 커뮤니케이션의 발전, 운송 수단의 발전과 속도의 증가, 여행과 관련된 출판물의 증가와 같은 시대적 분위기도 여성이 여행의 자유를 획득하는 데 우호적으로 작용했다.

특히 충분한 수입을 갖는 중산층의 형성이 여성들의 여행을 부추겼으리라는 데에는 이론의 여지가 없다. 예컨대 영국에서는 보다 교육을 많이 받고, 상대적으로 더욱 자유롭고 독립적인 성향을 지니고 여행을 선호하는, 이른바 에릭 홉선에 의한다면 '신여성' 계층이 중산층 내부에서 형성되었다.[4] 여성에게는 투쟁해서 얻어야 할 권리가 아직도 남아 있는 셈이었지만, 이 신여성들이 비로소 '관광객', 즉 자신의 즐거움 내지는 탐험을 위해서 새로운 곳, 혹은 미지의 세계를 방문할 수 있는 진정한 주체가 된 것이다. 이 자유는 사실 서구사회가 여성에게 정치적·경제적·사회적으로 합당한 권리를 인정하는 고달프고 기나긴 투쟁을 통하여 얻어낸 결과 중의 하나이며 여성 해방의 지표인 것이다.

에필로그 ─ 문학과 여행

문학의 원천, 여행

　"존재하기 위해서, 생존하기 위해서, 떨쳐버리기 위해서 여행한다. 스스로를 설명하기 위해서는 무의식의 저쪽까지를 탐험할 필요가 있다."라고 폴 모랑이 말한 적이 있다. 『보물섬』[5]이나 『황야의 절규』[6], 혹은 여타 작가들의 체험 소설 앞에서 한숨을 자아낸 어린 날의 기억이 없는 사람이 어디 있겠는가. 로빈슨 크루소의 모험이나 걸리버 여행기 등등 이들이 매혹적인 것은 그것이 평범함을 벗어난 대담함을 이야기하고 범상치 않은 자유의 정신을 불어넣어 주기 때문이리라. 이들이 부추기는 것은 사회가 우리들에게 기대하는 것들이라기보다는 오히려 그 반대로 다른 관습과, 야릇한 이상함, 있을 것 같지 않은 모험, 피할 수 없을 것 같은 위험 등이다. 이들은 궁극적으로 우리와는 다른 '또 다른 존재'의 가능성을 받아들이고 있는 것이다. 우리들을 즐거움으로 끌어가는 것은 바로 이것들이 육체적 고행을 통한 이동이라는 인간의 특이한 오디세이아이기 때문이리라. 이들이야말로 우리 세계의 최고의 것들은 여기가 아닌 저 '다른 곳'에서 찾아야 한다는 확신을 가진 이상주의자이며, 동시에 영원한 몽상가인 셈이다. "무고한 자들만이 사물이란 불가능한 것이라는 점을 모르면서도 실제로는 그 사물들을 스스로 만들어가는 자들이다."라는 마크 트웨인의 말은 부정하기 힘든 황홀한 매력을 지니고 있다. 자신들의 기도가 위험하다는 것을 알고서도 그 두려움을 글쓰기를 통하여 푸닥거리하면서 기어이 시도하려는 그들이기에 무모하고도 용감하다. 테오도로 모노[7]는 사막에서 체류한 시간을 되돌아보며 이렇게 말한다. "그곳은 의료 시설이 전혀 갖추어지지 않은 곳이어서 말하자면 병들 권리조차 없는 곳이었다. 그럼에도 불구하고 무엇인가를 보고 경험하기 위해서 규칙을 깨뜨린다. 그런 당신들에게 사람들이 뭐라고 말하겠는가? 아무 말도 할 수가 없다. 왜냐면 그곳에선 아무 것도 할 수가 없기 때문이다. 당신은 그곳에서 아파서 누워 있거나 부상당하거나 어쩌면 죽어갈지도 모른다. 그러나 아무도 다가올 일을 모른다. 저 먼 곳에 있는 오아시스를 가까이로 옮겨오지는 못한다 해도 당신이 거기 있다는 것 자체가 흥미로운 일이다.". 1930년

사하라 사막을 횡단하는
젊은 시절의 모노.

대에 같은 사막에서 실종된 적
이 있었던 오데트 뒤 퓌이구도
는 이렇게 회상하고 있다. "이
꺼칠꺼칠하고 황량한 경치는 결
코 우리들의 불안을 경감해주기
위해서 만들어진 것 같지는 않
았다. 1개월에 걸쳐서 틴두프까
지 걸어왔던 길에는 아무런 구
조의 희망도 피난처도 없었다.
발목이 모래 속에 푹푹 빠질 때
마다 살아 있는 자들의 세상과 연결된 마지막 매듭들이 하나
하나 풀어 헤쳐져 발가락 사이로 도망쳐버리는 느낌이었다. 그
때야말로 알지 못하는 미지의 세계로 빠져드는 것 같았다."[8]

여행에는 절대적 낭만주의와 관련되는 부분이 있으며 이것
이 우리를 감동시키거나 시련을 부과하기도 한다. 여행가인
작가들은 자신을 상실하고 방황할 줄을 아는 사람들이다. 동
시에 글쓰기를 통해서 그리고 그 글쓰기 안에서 자신을 다시
찾을 줄도 안다. 그들에게 자크 카르티에[9]의 숨결이 살아 있
다면 역시 랭보의 숨결도 숨어 있는 것이다.

　　나 여기 아르모리크[10] 해변에 다시 와 있다. 어둠 속에서
　도시는 불을 밝히고, 나는 유럽을 떠난다. ……중략…… 나
　는 되돌아 올 것이다. 철각의 다리와 검은 피부와 격노한 눈

을 가지고서. 사람들은 이제 나의 얼굴을 보고서 내가 강한
인종이 되었다고 판단할 것이다. 나는 황금을 소유하게 될
것이고 한가롭고도 거칠어질 것이다. 여인들은 열사의 나라
에서 돌아온 부상당한 이 광포한 자를 보살필 것이다. 그리
고 나는 정치에도 관여하게 될 것이다. 구원이리라.

랭보, 「나쁜 혈통」, 『지옥에서 보낸 한때』

이들의 무모함은 결국 자유를 갈구한다는 것과 무관하지
않다. 한마디로 한다면 소설과 시의 경계, 그리고 모든 지리적
지도의 경계까지를 초월하여 '감히 시도한다'는 것이 될 것이
다. 왜냐면 여행이란 글쓰기의 메타포이며, 물론 그 반대의 경
우도 진실이기 때문이다. 여기서 문제가 되는 것은 문학, 즉
육체적 시련을 글쓰기로 전환한다는 것인데 이 글쓰기에서는
비록 여행기와 소설 사이의 경계가 모호하지만, 자주 현실이
허구가 되는 경향이 있다. 사실 여행가인 작가들은 단순한 산

책자가 아니라 글을 써야만 하는 필요성에 사로잡혀 있는 사람이다. 그들에게는 한편에는 여행자 다른 한편에는 작가가 따로 분리되어 있는 것이 아니다. 작가 절반과 여행자 절반이 합쳐져서 하나를 이루고 있는 존재들이다. 그리고 그들의 시도가 이 절반씩을 하나로 모으는 것이다. 그러므로 어느 절반의 '나'라는 것이 결코 지평선을 가려버리지는 못한다. 만일 그가 작가로서 이야기의 중심에 서 있다면 그의 또 다른 절반의 나는 지평선 건너 저쪽을 방황하는 것이라 할 수 있다. 그래서 그가 만난 모든 사람들, 이국의 풍경들이 그의 연대기를 구성하는 주인공으로 등장하는 것이다. 그렇기 때문에 그의 모든 텍스트는 이것이 자기 수련의 경험이든 아니면 결함과 불충분함과 노쇠함을 동반한 자기 재발견이든지 간에 하나의 보편성, 즉 미지를 경험한다는 가치를 지니게 되는 것이다.

한번 더 반복하자면, 여행하면서 글을 쓴다는 것─혹은 그 반대의 경우도 역시─은 이 세상에서 하나의 설자리를 찾는 것이다. 그런 의미에서 거의 신비적인 탐구이다. 왜냐면 이 이상적인 '설자리'라는 것은 결코 찾을 수가 없는 것이기 때문이다. 그러나 여행가인 작가들은 그들이 물론 실증을 자주 느끼는 사람들은 아니지만 결코 집안에 머무는 성격도 아니다. 그들에게는 인류의 원초적 유랑의 본능이 지나치게 잠재하는 사람들이다. 테오도르 모노 같은 이는 늙거나 병들어 있으면서도 결코 사막의 부름을 외면하지 못했다.

스티븐슨을 생각해보자. 그는 습진에 걸려 병들어 움직일 수 없게 되었어도 산에 텐트를 치고 야영을 즐겼으며 잭 런던은 19세기 말의 모험가들의 서사시를 위해서 알래스카의 금 채굴꾼들의 틈에 끼어 추위와 배고픔을 이겨내었다. 후일 파리 지리학회가 오늘날의 수단을 지나 말리의 탐부츄까지 도달하는 최초의 유럽인에게 제공한 일만 프랑의 상금을 받게 될 르네 카이리에(Rene Caillie)는 여행 도중 괴혈병에 걸렸다. 그는 동료들의 비웃음과 조롱을 참아가며, 아프리카의 추장들에게는 단지 심심풀이로 노래를 쓰는 것이라고 거짓말을 해가면서 이 여행을 기록하였다.

그들은 인간이 모든 사물의 척도가 아니란 것을 알았다. 현실에 숨어 있는 낭만적 차원을 드러내기 위해서 오직 글쓰기라는 나침반에 의존하여 때로는 자신을 애무하지만 때로는 자신의 목을 졸라매는 세상이라는 팔에 안겨 기꺼이 표류하기를 마다하지 않는 자들이었다.

매일매일의 일상이 답답하고 부조리하게 느껴지면 어찌할 것인가! 저항뿐이다. 그리고 이것이 그들에게는 움직이는 것으로 드러날 뿐이다. 그래서 정작 중요한 것은 어떻게든 움직이는 것이다. 삶의 변덕스러움과 결핍을 가장 가까이서 느껴보기 위해서 문명이라는 푹신한 둥지를 떠나는 것, 지상의 거친 화강암의 감촉을 발자국 아래 느끼고 때로는 침묵이라는 예리한 칼날을 느껴보는 것. 이런 것들이 여행자인 작가들이 기대하는 바가 아니겠는가. 그러기에 이른바 편력의 작가들을 조그마한 새장에 가두어둘 수는 없다. 너무 비좁아서 숨막혀

죽어버릴 것이다. 그들로서는 바깥세상이 곧 치료약인 것이다.

바이런과 베네치아, 낭만주의자들의 베네치아

볼테르의 『캉디드』, 대통령 부로스라는 별명으로 더 잘 알려진 샤를르 드 부로스의 『편지들』, 그리고 루소의 『고백록』 등에 묘사된 베네치아는 경박하고 즐거운 베네치아로서 낭만적이고도 우울하다. 베네치아가 18세기부터 1840년까지 독립을 잃었던 것과 무관하지 않을 것이다. 영국의 시인 바이런은 이 도시의 슬픔으로부터 새로운 시를 태동시켰고 그 이래로, 알프레드 드 뮈세, 조르주 상드, 샤토브리앙 같은, 수많은 유럽의 낭만주의자들이 베네치아를 주제로 다루었으며 이들은 모두 바이런이 베네치아에 남긴 향수의 흔적을 더듬었다고 말할 수 있을 것이다.

귀족이자 절름발이 미남자 바이런은 1817년 10월 5일 하브하우스와 함께 이탈리아로 떠났다. 그는 베네치아 포목상의 집에 묵었는데, 검은 눈을 가진 안주인 마리안나 세거티와 사랑에 빠졌다. 산라자로 수도원에서 아르메니아어를 공부하기도 했으며, 가끔씩은 그 지방의 문학모임에도 참석했다고 한다. 그는 1818년 5월에 로마에서 하브하우스와 만나 유적을 돌면서 인상적인 부분을 『차일드 해럴드의 편력』 제4편에 기록했다. 브렌타 강변의 라미라에 있는 여름 별장에서 이탈리아의 풍습을 신나게 풍자한 『베포 Beppo』를 썼다. 이곳에서 빵

제조업자의 아내 마르가리타 코그니를 만났고, 그녀는 베네치아까지 그를 따라와 결국 마리안나 세거티를 물리치고 그의 사랑을 받았다. 그는 1818년 여름 동안 자신의 경험과 직접 관련된 사실적인 풍자시 『돈 주앙』의 제1편을 완성했다.

바이런의 베네치아는 장시 『차일드 해럴드의 편력』에 음울하게 드러나는 바, 여기서 차일드 해럴드는 이 도시의 음울한 조락을 한탄하고 이를 유럽의 탓으로 돌리고 있다. 그렇지만 동시에 너무나 쉽게 포기해버리고 노예 상태를 받아들여버린 베네치아 사람들에게서 수치를 느낀다는 것도 감추지 않고 있다. 화려했던 베네치아의 과거는 특히 그의 극시 「마리노 팔리에로 *Marino Faliero*」와 「포스카리 2대 *The Two Foscaris*」에서 눈부시게 부활하고 있지만 가장 아름다운 것은 바이런이 베네치아에 머물렀다는 사실일 것이며 이것이 바이런을 매혹했던 베네치아의 다른 것들과 더불어서 낭만주의자들의 호기심을 생생하게 자극했다고 볼 수 있다.

바이런의 베네치아 체류가 베네치아를 일약 낭만주의자들의 성지로 만든 것이다. 뮈세, 브리즈, 루이스 콜레, 미슐레, 키네 등이 서둘러서 베네치아를 방문했고 그들의 기억을 글로써 남기고 있다. 모두가 바이런의 기억에 사로잡힌 것이다. 바이런을 숭상하는 이들 낭만주의자들의 독창성은 특히 건축과 회화 분야에서 베네치아풍 예술의 숭배로 드러나는 바, 그들에게서는 하나의 미학적 주제가 역사로부터 태동한 것이다.

파리 출생으로 '프랑스의 바이런'이라고도 하는 알프레드 드

가에타노 도니체티가 전통적인 이탈리아 오페라 형식의
오페라 세리에르로 각색한 바이런의 「마리노 팔리에로」.

뮈세는 재기 발랄하고 조
숙한 천재였다. 어릴 때
부터 시를 짓고, 18세 때
위고의 그룹에 참가하였
으며, 시집 『에스파냐와
이탈리아 이야기』(1830)로
데뷔했으며, 경쾌하고 우
아한 시인으로서 유명해
졌다. 상드와 함께 베네
치아로 사랑의 도피 행

각을 떠나기 전의 뮈세의 베네치아는 바이런의 영향뿐만 아니
라 이탈리아 코트인 카사노바의 기억, 그리고 셰익스피어의
영향을 받은 것이었다. 총명하고 재기 넘치는 이 세기아는 인
생의 여러 길 가운데 생을 살고 맛보고 즐기기 위해 결국 시
를 택했다는데, 아직 23세가 채 되기 전에 30세의 풍만한 육
체의 정열적인 부인으로, 가정에서 뛰쳐나와 소설가가 된 조
르주 상드라는 여자를 만났다. 두 사람은 곧 열렬한 사랑에 빠
져 파리 근교 퐁텐블로 등에서 아름다운 밀월 도피 여행을 떠
난다. 그러나 베네치아에 도착한 지 얼마 안 되어 뮈세는 뇌막
염에 걸려 생사를 헤매게 된다. 상드는 헌신적으로 그를 간호
하나, 그녀는 이 동안 뮈세의 주치의 이탈리아인 파젤로라는
젊은 의사와 또 다른 사랑을 하게 된다. 절망과 질투에 빠진
뮈세는 병을 안고 혼자 귀국, 그 후 4개월 동안을 온종일 그의

방에 들어앉아 울고만 있었다고 한다. 그 후 두 사람은 다시 화해하려는 노력도 있었으나 결국 영원히 헤어지고 말았다. 이 사랑과 갈등에 대하여 뮈세는 『세기아의 고백』이란 책 에 그 내막을 폭로했고 상드는 『그 여자와 그 남자』라는 책을 써서 자신을 옹호했다. 그러나 여기에서 묘사된 베네치아는 매우 비사실적이라는 평가가 있는 바 아마도 사랑의 쓰라림이 부분적으로 작용을 한 것 같다.

오로르 뒤팽(Aurore Dupin)이라는 본명을 갖고 있는 상드는 파리에서 출생했다. 4세 때 아버지를 여의고 중부 프랑스의 베리 주(州) 노앙에서 할머니 손에서 자랐다. 16세 때 지방의 귀족인 뒤드방 남작과 결혼하였으나 행복한 결혼생활은 오래 유지되지 못하고 두 아이를 데리고 집을 나와 파리로 옮겼다(1831). 그 후 친구의 권유로 신문소설 『앵디아나 Indiana』(1832)를 써서 일약 유명해지면서부터 남장차림의 여인으로 문인들 사이에 끼어 문필활동을 계속하였다. 그녀의 분방한 생활은 남들의 이목을 집중시켰으며, 특히 시인 뮈세와 음악가 쇼팽과의 모성적인 연애사건은 너무나도 유명하다. 상드는 1834년 베네치아를 여행했는데 뮈세가 베네치아를 떠난 후에 쓰여진 것으로 추정되는 『한 여행자의 편지들』(1834년 4~5월경)은 활기차고 생생한 서정과 조화가 돋보이는 작품이다. 역시 그녀에게서도 바이런의 흔적이 발견되는데, 편지들의 이전 소설인 『뤼스코크』는 바이런이 1817년 쓴 『해적』의 모작이다.

샤토브리앙은 1806년 베네치아를 여행했는데, 이 시기에는 베네치아가 그다지 그의 마음에 들지 않았다고 한다. 당시의 유행에 밀려서 1833년 다시 방문했는데 이번에는 같은 도시를 찬미하게 되어 『회상록』에 서정적인 페이지를 할애하고 있다. 그 역시 바이런처럼 베네치아의 쇠락을 안타까워했지만 바이런과는 달리 그는 이 조락 속에서 어떤 매력을 보았다. 여기서 벌써 후일 바레스(Barres)의 '병적인 불안'이나 '댄디즘'의 싹을 느낄 수 있다. 후일 고티에나 텐느가 시인으로서 또는 고고학자로서 베네치아를 찬미했었다면 바레스는 베네치아를 하나의 형이상학으로 받아들인 격이었다.

그러나 앞서 언급한 모든 낭만주의자들 중에서도 영광의 자리는 단연 바이런일 것이다. 베네치아가 한 개성의 자유롭고도 완전한 개화를 위해서는 가장 유리한 곳이라는 것을 맨 처음 발견한 사람이 그이기 때문이리라. 비록 다른 방법을 택하긴 했었지만 모두가 그를 모방하여 같은 것을 추구한 셈이다.

주

1) 711년부터 이베리아 반도를 정복한 아랍계(系) 이슬람교도의
명칭으로서 마우레인이라고도 한다. 고대에는 오늘날의 알
제리, 모로코, 튀니지가 위치한 사하라 사막 서부에 거주했으
며 아라비아인, 베르베르인, 흑인의 혼혈로 구성된다. 그 기
원은 남방설(南方說)보다는 북방설(北方說)이 유력한데, 문화
적으로는 카르타고인들의 중개로 페니키아의 영향을 받았다.
주로 종족 단위로 조직되어 산악 지방을 근거로 반유목 상태
의 삶을 영위했다. 독특한 독자 문화를 소유하고 있다. 인종,
언어적으로는 니그로보다는 아랍 요소가 더 강하다. 자존심
이 강하며 용감하지만, 연대감은 비교적 약하다. 무어인이란
인종학적인 명칭이 아니므로 북아프리카나 아시아의 이슬람
교도에게도 적용되며, 필리핀에도 모르족이라고 불려지는
종족이 있는 등 무어인의 개념이 명확치는 않다.

2) 텍스트는 1955년, 플롱(Plon) 출판사 편을 참조하였다. P.51,
54번역은 저자에 의한 것이다.

3) 마리 라타지(Marie Rattazi), 『한 여성 여행자의 편지: 비인, 부
다페스트, 콘스탄티노플 Lettres d'une voyageuse : Vienne, Budapest,
Constantinople』, 파리, 펠릿그 알칸 출판사, 1987. 참조.

4) 에릭 홉선(Eric J. Hobshawn), 『제국의 시대 : 1875~1914』,
Paris, Hachette Pluriel, (제8장, pp.250~283).

5) 영국의 작가 로버트 루이스 스티븐슨이 1883년 발표한 모험
소설. 의붓아들인 오즈번이 가공(架空)으로 그린 섬 그림을
본 것이 계기가 되어 이 소년소설을 쓰기 시작, 1881~1882
년 『영 포크스 Young Folks』지에 연재하였다. 처음에는 별로
인기가 없었으나 단행본으로 출판되자 성인 독자들의 대호
평을 얻어 작자의 출세작이 되었다. 소년 짐 호킨스는 해적
으로부터 보물섬의 지도를 얻어 지주(地主) 트레로니, 의사
라이브지와 함께 보물섬을 찾아간다. 그러나 타고 있는 배의
요리사가 실은 해적 록 존 실버였고, 파란곡절 끝에 결국은
착한 사람들이 보물을 찾아낸다는 이야기이다. 이 작품이 아
동문학의 고전으로서 그 자리를 지키고 있는 까닭은 줄거리

가 흥미 있고, 뛰어난 성격묘사와 실감나는 묘사로 엮어나²
점에 있다.

6) 미국의 작가 잭. 런던의 1903년 발표 소설. 캘리포니아의 ¢
느 가정에서 기른 개 버크는 140파운드(약 63.5kg)의 늠름ᅙ
큰 개로 자랐으나, 그 집에 드나드는 정원사에 의해 큰 금⅔
이 발견된 알래스카로 팔려가 썰매를 끌게 된다. 여기에╱
버크는 문명세계와는 판이한 약육강식의 원시세계와 비정ᅙ
인간의 혹사를 경험한다. 이윽고 다정한 주인 존 소튼을 ╘
나 그를 위해 충성을 다하려 하지만 불행히도 주인이 죽╘
다. 소튼의 죽음은 버크의 내부에 야성의 부르짖음을 불러¢
으켜 결국은, 북극의 이리떼에 가담하여 그 두목이 된다ᅟ
이야기이다. 이 작품은 발표와 동시에 베스트셀러가 되어 ᅡ
던의 작가적 지위를 확립시켜주었다.

7) 테오도르 모노(1902~2000). 박물학자, 프랑스 과학 아카데ᄆ
회원, 국립 자연사 박물관 명예 교수. 일생을 아프리카 지¢
의 사막 연구에 바침. 모노의 생과 작품은 사막의 이미지ᦠ
밀접하게 관련된다. 1999년 그라세(Grasset) 출판사에서 발ᅙ
한 모노와의 대담을 편집하여 모아놓은 『테오도르 모노-╱
에 대한 경의』는 사막을 걸어가는 고독한 모험가의 이미╱
를 웅변적으로 말해준다. 그에게 있어서 사막이란 단순히 ¢
국적인 경치의 차원을 지나 그의 사고와 철학의 근거이자 ╱
계관이다. 사막에 대한 모노의 언급은 수없이 많다.

8) 1937년 1월 뤼이구도는 친구인 마리온 세논느(Marion Senone²
와 함께 중부 사하라를 횡단하는 여행을 떠났다. 이때의 ᄀ
록을 『사막의 소금 Le Sel du Desert』이라는 제목으로 출판하ᄀ
되는데, 여기서 그는 20세기 마지막 소금 대상들의 행렬을
묘사하고 있다. 이들이야말로 사하라에서 가장 접근하기 ¢
려운 지역들을 횡단한 모험가들이었다고 그리고 있다. 여ᄀ
인용한 것은 여행 말미에 실종의 체험에 대한 언급부분이ᄃ
텍스트는 페뷔스(Phebus) 출판사의 2001년도 판을 참조한 ᄀ
이다. 이 여행기는 이른바 사막에 관한 문학의 고전으로 ᄏ
히며 젊은 시절의 모노도 이 책에서 감동을 받았다고 한다

9) 자크 카르티에(Jacques Cartier, 1491~1557). 프랑스 항해가. ╱
-말로(Saint-Malo) 태생. 가난한 어부의 아들로 태어나 아ᄆ

도 대구 잡이 배의 선원으로 항해를 시작한 것 같다. 1534, 1535, 1541년, 3차례에 걸쳐 신대륙을 여행한다. 이때 이미 신대륙은 스페인과 포르투갈이 분할 통치하고 있는 상황이었다. 그래서 오늘날의 캐나다 지역(지금의 몽 레알=몬트리올)을 개척하고 돌아온다. 아마 그가 없었다면 오늘날의 퀘백주는 프랑스어를 사용하지 않을 것이다. 1545년 『여행기』를 발간한다. 그러나 이때는 그의 두 번째 여행과 몬트리올과의 관계만을 기술하였다. 1924년에야 이 세 차례 여행의 통합 기록이 발간된다.

10) 현재의 브르타뉴반도와 프랑스의 서부 일대를 말한다. 원주민은 켈트인이며 로마에 이어 프랑크에 정복되었으나 5~7세기에 브리타니아(영국)에서 앵글로색슨인에게 추방된 브리튼인이 이 조상의 땅에 되돌아와 브르타뉴라고 불리게 되었다. '바다'를 의미하는 켈트의 '아르모르'가 어원이다.

여행 이야기

펴낸날	초판 1쇄 2004년 6월 30일
	초판 5쇄 2011년 9월 28일

지은이   **이진홍**
펴낸이   **심만수**
펴낸곳   **(주)살림출판사**
출판등록 1989년 11월 1일 제9-210호

경기도 파주시 문발동 522-1
전화 **031)955-1350**   팩스 **031)955-1355**
기획 · 편집 **031)955-1395**
http://www.sallimbooks.com
book@sallimbooks.com

ISBN   978-89-522-0245-1   04080

※ 값은 뒤표지에 있습니다.
※ 잘못 만들어진 책은 구입하신 서점에서 바꾸어 드립니다.